U0114378

本書榮獲陳國章教授獎助學金贊助出版

三重埔的社會變遷

鄭政誠 著

臺灣學生書局印行

序

　　近年來，臺灣史的研究蔚為潮流，出於鄉土關懷與認知，不少研究生踏進此一領域，開始搜尋過往的記憶與歷史，因而展開對臺灣的鍾情與熱忱。在此一前提下，諸多學術刊物與論文紛紛出陳，內容方面：舉凡政治、社會、經濟、教育、文化、都市等課題，無所不包；時限上，則清領、日據、光復初期，無所不載。這一眾多的研究成果，展望未來，除豐富臺灣研究的內涵與生命外，也同樣積累可觀的資料與知識。

　　鄭政誠君，好學深思，平日治史甚勤，對近代社會科學與治史問題，亦相當之關注，誠為不可多得之年青學者，近年對臺灣近代社會歷史尤抱濃厚興趣，致力區域研究數年，此書即為其對鄉土社會與文化關懷力作。全書以臺北縣三重市為個案研究對象，探討周圍市鎮的社會經濟變遷與發展歷程，進而檢視與臺北市相互之依存。為求一總體面貌，乃從傳統背景出發，針對行政區劃、開墾課題，提出見解與說明。其次，從人群及產業結構變遷著手，深討人口流動、遷移及經濟結構轉型，對該地工業化及都市發展之影響。最後，則提出現代化特徵在該地的出現與否，作為「都市化」成長與延滯之主要指標。

　　綜觀此書，使我們深刻了解到越熟悉自己生存環境，就越能在規劃未來時避免錯誤。由於過往政治主導教育，致使大家缺乏

對臺灣鄉土的認知與情感，透過此書，讓我們知悉惟有與本土歷史緊密結合，才能重拾自信，構織一幅亮觀的未來圖像。現今，在臺灣研究幾已爲全民共識情況下，我們更有義務爲本土歷史文化奉獻心力，鄭君《三重埔的社會變遷》一書，或可爲此作一最好的說明，故樂爲之序。

賴　澤　涵

自　序

　　是出自對鄉土的關懷與認識，因而展開了對臺北衛星市鎮——「三重」一地的探求與追尋。隨著研究所中臺灣史課程的領悟，乃草擬一份約萬餘言粗淺的學期報告遞交出去，完成了本書的初期架構。

　　一度以爲臺灣史的研究就將離我遠去，此篇報告也將封於箱底。但孰知：愈是注入臺灣史籍閱讀的精神，對臺灣這塊土地鍾愛的熱忱與生命就愈增強。因此，對於曾困惑在以中國史或臺灣史爲畢業論文範疇的我而言，終於確知方向，抉擇了此一續接鄉土情懷的課題與使命，作爲未來研究的指標。

　　前後歷時約兩年，在師範大學歷史研究所李國祁、王仲孚、邱添生、林麗月等老師及論文口試委員王世慶、章英華教授的指導與贊許下，一本碩士論文終底於成。〈從農業聚落到衛星市鎮——三重埔社會變遷的考察〉一文，正反映與表達個人對臺灣的衷心關懷。

　　碩士論文付梓之日，即是將入伍服役之時，心想：此本論文或將永久塵封、乏人翻閱，佇立於書庫內之陰暗偏僻角落。但因軍旅生活困頓疲勞乃無暇思之。不多久，蒙師大地理所、歷史所教授青睞，獲「陳國章教授贊助學術刊物出版獎助金」。是故，得有機會化「文」爲「書」，讓更多人知悉、閱覽。

　　爲編整此書，乃重拾起碩士論文相關之資料、圖片，逐一檢視、配比，重新編排、修改，並增添多幀照片，供佐證史實及彌補文字未透紙背之憾。再則，由於文名過長，乃擷取其義，精簡書名爲「三重埔的社會變遷」。內文則依據論文大要，強調整個新生地在二百餘年歲時　推演下，如何從一煙波浩渺之大湖，變化爲北臺首府之重要衛星市鎮。並探討演進歷程，解析人口、產業結構型態轉變對該地現代化開展之影響，以此作爲社會變遷之全貌。

　　本書之付梓，承吾師賴澤涵教授爲之引言代序，特此致謝。此外，好友國立藝術學院美術系助教陳永賢、新竹縣尖石國中訓育組長劉順瀚先生爲之封面設計與編排，更使本書增色不少。而學生書局發行人丁文治、出版部經理鮑邦瑞先生能不辭其小，應允代理一切出版事宜，自有胸襟，特提出一併致謝。

　　筆者才疏學淺，雖殫精竭慮，力求完美正確，惟疏漏舛誤之處仍不可免，尚祈先進不吝指正，是所至幸。

鄭　政　誠

八十五年元旦于陸軍士校

三重埔的社會變遷
目　次

圖　　次

表　　次

前　　言

　　近幾十年來，歷史學中所謂社會經濟史的「區域研究」課題，已成為國際性的學術潮流，且方興未艾。「都市研究」雖僅為區域研究一環，其實涉及面向仍相當廣泛：舉凡一地地理沿革、歷史背景、人口增長與變遷、產業結構變化以至交通、教育、社會經濟、宗教祭祀等各種面向，若不確實掌握則難窺其重要發展脈絡。此外，尚須兼顧的還有各城市相關理論配合，舉凡都市等級界定，工業化、都市化的側重，社會流動、社會變遷分析，以至於中央與地方政府決策等等，均是在處理都市研究時所應注意的。因此，都市研究可說是區域研究課題的高度發展。

　　由於都市研究內容的複雜性，因此研究此一課題的學者，除歷史學外，還跨越多種學科及不同學術領域。在社會學科方面：如人類學、社會學、心理學、政治學、經濟學等；其他如哲學、藝術、文學、工程學，甚或自然學科，亦都直接或間接地涉及人類都市研究。由於各學科對都市研究所側重的角度不一，因此，即使所處理的對象完全相同，所得出結果也不盡相同。

　　近年來，出於鄉土關懷，各學科在「臺灣都市」上的研究，屢有佳績，雖未能汗牛充棟，為數仍然可觀。除歷史學者外，社會學與民族學者在此方面的成就，貢獻仍大。但放眼都市研究的專著或論文，其研究斷限，多以當代居多，至於日據時期或清代臺灣都市研究，相形之下，來得稀少。都市且為如此，更遑論較

小的市鎮研究。此外,在研究主題方面:歷史學者多偏重初期土地開發情形,而一般社會學、民族學者則多著墨在鄰里關係與當代都市社會變遷探討,二者皆缺乏長時段的研究與聯繫。因此,在都市(市鎮)研究極度缺乏歷史時間的考量下,撰寫一本貫通清朝、日據時期以至光復後的市鎮發展史,更突顯其重要意義。

表 I　各學科所涉及的都市研究重點

重點／學科	都市起源	都市化	都市型態	都市狀態	都市系統	都市政府	社區權力結構
人類學	✓	✓		✓			
經濟學		✓	✓		✓	✓	
地理學	✓	✓	✓		✓	✓	
歷史學				✓	✓	✓	
政治學				✓		✓	
社會學			✓	✓			✓

資料出處:John A. Agnew, John Mercer and David E. Sopher
　　　　eds., The City in Cultural Context, Boston: Allen
　　　　& Unwin, 1984.

　　至於本研究對象以三重地區為主,乃因個人生長其間,欲對鄉土歷史記載與文獻保存盡一棉薄心力。此外,由於外界對三重的質詢與批評過多,每每以「流氓都市」、「髒亂之鄉」等此種不雅綽號與三重劃一等號。身為三重居民,更有義務從歷史發展的軌跡去發現潛浮在表面下的因子,如此才能對此問題與現象作出更客觀、公平的解釋。但缺憾的是:三重市鎮面積狹小且發展

較遲，有關此地的資料相當不足。職是之故，在多欠缺原始文獻資料下，欲將三重各面貌與發展交待清楚，實屬困難。故本文試著從社會變遷角度來加以考察，希冀借助殘存、散佚與外部資料，為三重地區的演變與發展，下一較好註腳。

　　在現今各縣、市文獻委員會積極推動各區志書編纂同時，居臺北縣第二大市的三重卻還未作出跟進舉動，這不禁令人憂心。而放眼目前有關三重地區之研究，多屬地理學者與社會學者所為，但彼等之研究多側重平面敘述，缺乏歷史發展縱深，亦未對事件因果關係作出說明。因此，在無地方志借助情形下，筆者希望透過此研究，以上述所謂地理沿革、歷史背景、開發情形以至人口增長、產業變遷等為主軸，俾看出此區演進，同時也藉此為三重志書的撰寫開一先河。

　　本研究雖以歷史學觀點來探討一地都市發展，但由於都市研究乃一多元理論、多重角度之整體性研究；且歷史學研究潮流亦趨向科際整合方式，因而在討論中，不免引用其他學科既存的知識與理論架構，希望能以多面向、全方位的考量來使都市發展脈絡更加清晰。因此，在研究方法上，除採用歷史學中歸納、分析、比較等方法外，亦配合各社會學科相關領域之理論與研究方法，如自然地理學、城市社會學、都市人口學、量化統計等，加以圖、表應用與配合。此外，並實地田野調查，希冀能從此得出三重市發展過程中之全貌，更客觀地提出對此市鎮未來發展的建議與諫言，並揭櫫臺灣各地方市鎮在發展過程中所應避免與處理的一些問題。

第一章 傳統背景

第一節 自然環境與行政沿革

一、三重的自然環境

在十三行文化期（距今約一五〇〇年前左右），臺北盆地海退，露陸出水，原住民凱達格蘭族（Ketagalan）曾由淡水港口沿河經蘆洲、三重，而至新莊❶。其時三重雖為荒野、沙洲與大湖的組合，但凱達格蘭族的途經，卻成為此區最早與外界接觸的開始。康熙三十三年（1694）陰曆四月間的一場大地震，使得原本臺北平野，在海水與河水侵襲下，頓時成為臺北大湖，淡水河西岸的三重亦隨著偌大地區消失在地平面上（見圖 1-1）。三年後，當第一位溯淡水河至臺灣北部採硫磺的郁永河，目睹此一大湖情景時，還發出「渺無涯涘」的慨歎❷。爾後，隨著湖底陸地上升與淡水河淤塞沖積，三重的土地漸次露出，這一新生土地，在時間推演與住民努力經營下，卻也重新展開它另一個旅程❸。

三重現屬臺北縣管轄，位置所在為北緯25度14分，東經121度30分❹，居臺北盆地中心，是臺北都會區內一個重要衛星市鎮。外圍的淡水河及其支流，是此區重要的水運系統。大漢溪由南而北，繞經此區東南緣，與東來的新店溪會合，匯集流入淡水河❺。北端距蘆洲處，則有基隆河之一小支流來會。由於過度淤塞，河

圖1-1　康熙地震陷落期的臺北大湖

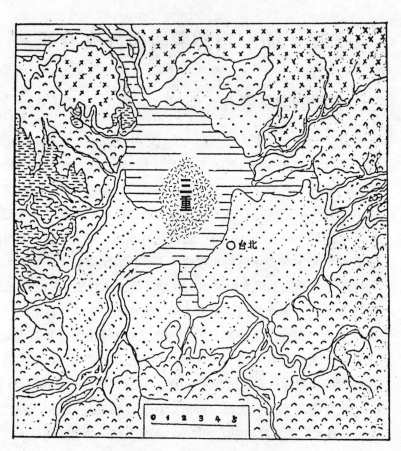

資料來源：石再添等著，《臺北市發展史－自然環境》
　　　　　臺北市文獻委員會編印，，民國70年12月，頁205。

圖1-2　三重行政區域圖

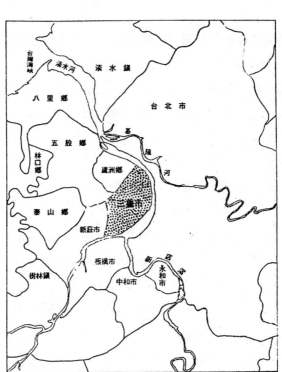

資料來源：三重市公所編印，《美麗三重》，頁3

中沙洲地形漸增，此（淡水）河在日據末期已漸失其航運功能❻。
而在境內，由蘆洲方面引來之小圳－「塭子川」，則爲農田灌漑
之用，惜因往後工業發展，農地漸減，此條溪流終因功能漸失而
至淤塞、消失。

　　本區週邊鄰接市鎮：分別爲蘆洲、五股、與新莊。東邊隔淡
水河與與臺北相望；西南則隔大料崁溪（淡水河支流，今大漢溪）與
板橋相對❼。全境大致呈東北西南走向之菱形廣大平野地勢，面
積共有　16.317　平方公里，居北縣境內各鄉鎮第三十位❽。由於
多爲淡水河淤塞沖積而成地形，故土壤多屬沖積土❾，此種土壤
質地黏重，水份滲透及流通均不錯，養份含量甚豐，多呈微酸性
反應，地力相當肥厚❿，再加上早期水利設施完善，故使本區適
宜農耕種植。除栽培水稻外，蔬菜的栽種亦非常普遍。而在平均
高度方面，從東邊淡水河口算起直至西邊之桃園臺地，全境之平
均坡度亦僅四、五公尺左右⓫。由於全境相當平坦，使得往後開
發得已不受限制而加速進行。

　　在資源方面：由於本區爲河流沖積而成的平原地形，故在林
業、礦業、漁業等資源方面，多所欠缺；而時興經濟作物茶葉種
植的丘陵地形，本區亦不復見，職是之故，祇得在水稻、蔬果等
作物方面多所發展。亦因如此，在都市化與工業化發展潮流下，
本區得以優於盆地內其他市鎮，提早往工、商、服務等業邁進。

　　在氣候方面：由於本區位居臺北盆地之中，北近觀音山麓，
東、北面另有大屯山脈屏障，受海洋影響較小。冬季稍寒冷，酷
暑時，因有淡水河調節，也不致太熱，屬溫帶海洋型氣候。七、
八月平均溫度約爲華氏88度（攝氏31度），冬天約爲華氏63度

（攝氏17度），年平均溫約為75度（攝氏24度）❿。十二月至翌年三月受東北季風影響，常多霧雨；五月至七月間，又因盆地關係，多對流性雷雨❸。八、九月則為颱風季節，故本區降雨日數甚高，一年中有多達156日（見表1-1）。每月雖多有降雨日，但仍以夏季的降雨量為多；涼季時雨量最少，全年平均降雨量有1,684公厘之多，但相較於淡水河及其支流各處年雨量而言，則顯稀少（見表1-2）。另據陳正祥調查，本區屬潤濕型氣候，潤濕指數常在60～80之間，而在作物栽培上，由於考量地質、土壤、氣溫、雨量等因素，故多適合蔬菜、甘薯、香花等作物的栽培❹。從上可知，就自然環境而言，三重確有其優越農業發展條件，惟因人口大量集中，工業化、都市化的後果，使本區漸擺脫農業型態，轉往都會衛星走去。

表1-1　臺北盆地各站逐月平均降雨日數表(民國54～55年)

月份 站名	三重	臺北	松山	淡水	新莊	板橋	樹林
1 月	12.5	17.1	16.0	17.8	10.9	10.0	10.8
2 月	12.0	16.4	15.0	16.1	12.3	10.1	12.3
3 月	11.0	17.5	17.5	16.4	12.2	9.3	12.0
4 月	12.0	15.1	16.8	14.1	9.3	8.0	10.3
5 月	13.0	15.9	17.3	11.8	12.4	10.0	11.4
6 月	17.5	15.2	18.8	11.8	12.9	11.8	11.3
7 月	14.0	15.0	16.8	9.9	11.3	10.2	10.3
8 月	14.0	14.4	12.8	11.8	11.6	8.2	11.2
9 月	15.5	14.7	13.5	12.4	12.6	8.8	11.1
10 月	9.0	16.5	11.5	15.4	9.7	7.2	8.2
11 月	10.5	15.4	17.0	15.1	11.0	9.0	11.4
12 月	15.0	15.9	16.5	14.6	10.8	9.1	10.8
全 年	156.0	189.2	189.3	167.2	120.7	130.8	126.4

資料來源：鄭子政，〈臺北盆地的氣候〉，《地學彙刊》，第1 期，民國58年5月，頁50。

表1-2　淡水河流域降雨量　　　　　　（單位：公厘）

月份 站名	三重	板橋	鶯歌	新店	木柵	臺北	士林
1 月	88.3	104.6	138.2	137.2	131.6	95.0	61.7
2 月	91.4	124.4	173.0	147.0	113.4	109.5	124.0
3 月	152.0	130.7	233.2	119.2	106.6	108.5	170.2
4 月	146.1	170.6	176.9	172.3	149.1	146.4	179.9
5 月	168.2	153.9	257.2	151.0	200.7	165.4	215.3
6 月	191.9	272.4	471.6	302.8	253.8	268.7	261.5
7 月	223.5	278.6	456.0	312.4	384.3	267.5	221.9
8 月	204.9	213.1	362.0	234.3	290.4	255.8	266.9
9 月	130.2	180.2	286.7	275.3	319.7	202.2	212.3
10 月	109.9	107.7	191.9	221.7	220.0	207.1	105.0
11 月	69.7	82.0	125.8	183.8	207.1	91.6	41.8
12 月	38.1	69.4	105.7	162.8	165.6	58.7	45.4
全 年	1684.1	1900.7	2947.4	2393.3	2713.3	1897.9	1910.9
最 大	1994.4	2467.0	3829.9	3664.6	3176.7	2287.0	2647.0
最 小	1428.7	1386.2	2323.9	1552.3	2249.9	1054.5	1188.9

資料來源：李鹿苹，〈臺北盆地交通路線分佈的地理因素〉，收入於
　　　　　《臺灣小區域地理研究集》，國立編譯館印行，民國73年2月
　　　　　，頁161。

二、三重行政區劃的演變

　　三重由於境內土地成形較遲，開發時間亦晚，早期皆隸屬於其他行政區管轄；加上清朝與日據時期對臺灣行政區劃的多次改革，本區行政區劃乃多遭更動。直至光復後，由於鄰近臺北市中心緣故，他縣市及外省人口移入增多，乃在民國三十六年四月一日從蘆洲鄉分出，獨立成鎮❺。繼之，因交通便利、工商興盛、人口激增，於民國五十一年四月一日，經省政核定，升格為縣轄市❻。

　　關於三重整個行政區劃演變，大抵如下：初與相鄰之新莊、蘆洲，同爲平埔番武勝灣社與南港社漁獵之區。明鄭時期，隸天興縣，後隸天興州。臺灣歸入清版圖後，於康熙二十三年（1684）隸諸羅縣❶，康熙三十三年，曾因地震關係，沉陷於臺北大湖內，後因淤積乃漸成陸地。雍正元年（1723），隸淡水廳淡水堡。同治十年（1871），據陳培桂所修《淡水廳志》所載，時淡北有七堡，曰海山、興直、芝蘭、大加臘、石碇、拳山、擺接堡❶，其中興直堡所轄十九莊下即有一「三重埔莊」❶。此一名號亦爲現今最早見於官方文獻的記載❷，其所在位置約略今臺北橋頭一帶。

　　光緒元年（1875），沈葆楨奏設臺北爲一府三縣，清廷准其議，乃設臺北府，下置淡水、新竹、宜蘭三縣，本區改隸淡水縣興直堡。甲午之役，清朝戰敗，割臺灣及澎湖群島予日，日總督府於是年（明治二十八年，1895），將淡水縣改爲臺北縣，由縣直轄各堡。兩年後，縣下分置臺北、新莊、三角湧等十三辨務署❷。本區改隸新莊辨務署。三十一年，又隸三角湧辨務署。三十二年，再隸臺北辨務署。三十四年改縣爲廳，下置士林、新莊、錫口、枋橋、滬尾、小基隆等六支廳，本區隸臺北廳新莊支廳。四十二年，支廳下復置區署，再隸新莊支廳二重埔區長役場❷。而二重埔莊的名號，亦首度出現於文獻上。大正九年（1920）七月，依臺灣總督田健治郎之議，廢廳改州，州下設郡、街、莊，本區改屬臺北州新莊郡鷺洲莊。光復後改制，州、郡、街、莊制變更爲縣、區、鄉鎮制，本區仍爲臺北縣新莊區鷺洲鄉所轄。民國三十六年，因人口激增，交通便利，乃由鷺洲鄉劃出，自立爲三重鎮，但仍隸新莊區❷。民國三十八年十一月一日，因地鄰省

圖1-3　鷺洲庄略圖

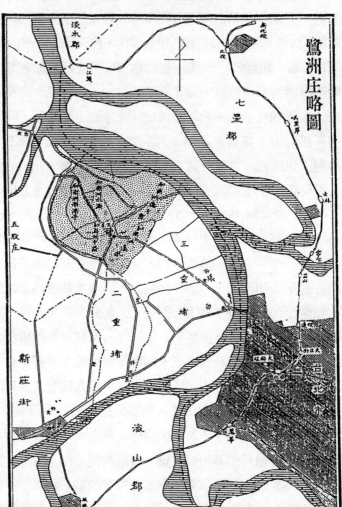

資料來源：《鷺洲庄要覽》，昭和10年版附圖。

垣，日趨繁華，三重已被提升爲一等鎮❷。民國三十九年八月十六日，又因「區」造成縣和鄉鎮間的不便，故廢區，本區得以受臺北縣所直轄。民國五十一年四月一日，因符合各縣市實施地方自治綱要，乃升格爲縣轄市❷，至今已爲臺北都會區內的一個重要衛星市鎮。

圖1-4　　三重行政區劃演變簡圖

埔 ——→ 莊 ——→ 二等鎮 ——→ 一等鎮 ——→ 縣轄市
(1871年)　(1947.4.1)　(1949.11.1)　(1962.4.1)

　　關於三重本身行政區的劃分，主要是從早期開墾地名經日據時期保甲名轉換爲光復後之里鄰制。清領時期，由於移墾關係，各開墾地號相繼出現，如榮寮、大竹圍、三張、溪尾等，惟因此等地名無甚輕重，故難見於官方文獻。日據後，爲求實施嚴密控制，行政區劃多有更動，最甚者，乃在各街、莊下設置保、甲。即爲此故，此區一些開發時的小地名如中興、車路頭等十四保名號❷，乃在大正年間紛紛出現。

　　爾後此區漸形發展，未見記載者亦相繼成保，至昭和五年（1930）時，本區已有二十二保之多，人口亦達12,725人❷。光復後改制，即將此等保名更名爲里，且依照人口數，里下復置鄰，里、鄰制便成爲現今一般的行政區劃。民國四十年時，本區即依日據時期之22保，劃歸爲22里、328鄰❷，以後因人口漸多，里、鄰數乃漸增，民國五十年時有32里、564鄰❷，六十年時有87里、1,414鄰❸，至民國八十年時則增至115里、2,082鄰❸，爲北縣各區

之冠。惟因人口已呈飽和狀態，故里、鄰數的擴增乃稍減緩，雖
爲如此，三重至今仍名列全省二十大城市之內。

註　釋

❶ 關於十三行文化期，見石再添等著，《臺北市發展史－自然環境》，臺
北：臺北市文獻委員會編印，民國70年12月，頁232～233。餘見洪伯溫，
〈臺灣北部地區重要地名今昔釋義〉，《臺北文獻》直字第 78期，民國
75年12月，頁330。

❷ 郁永河，《裨海紀遊》，臺灣文獻叢刊第7輯，臺北：大通書局，頁23。

❸ 關於三重土地浮露的時間，並無明確記載，但從乾隆十年間開闢已遍的
說法推估，至遲在雍、乾之際即已浮露完全。

❹ 臺北廳總務課編、陳榮弢譯，〈臺北廳志－大正八年(一)〉，《臺北文獻》
直字第103期，民國82年3月，頁172。

❺ 三重市公所編印，《三重市貌》，民國80年5月，頁8。

❻ 關於淡水河淤塞之因，已有地理學者作過詳細調查研究。除地理因素外，
在人爲因素方面，一般均認爲各支流上游的破壞爲主要因素。如基隆河
上游接近煤礦區，煤料、殘渣多往河倒；而在新店溪與大漢溪方面，則
因茶園開闢與林木砍伐，造成土壤侵蝕、流失而淤塞。見李鹿苹，〈淡
水港衰退的地理因素〉，《地學彙刊》，第1期，民國58年5月，頁117。
陳正祥，《臺灣地誌》，下冊，敷明產業地理研究所研究報告第94號，
民國50年，頁1020。

❼ 陳正祥，《臺灣地名辭典》，敷明產業地理研究所研究報告第105號，民
國49年，頁19。另見《鷺洲庄要覽》，中國方志叢書·臺灣地區第223號，
昭和6年版，臺北：成文出版社，民國74年3月，頁2。

❽ 臺北縣文獻委員會編印，《臺北縣志·疆域志》，臺北：成文出版社，
民國49年，頁485。關於三重全境之面積，除民國四十年《臺北縣統計要
覽》第1期（臺北縣政府主計處編印，民國40年6月，頁2）所載爲15.
9455平方公里外，其餘皆登錄爲16.317平方公里。或因記錄錯誤，或因

地界未清，亦有可能爲三重所轄淡水河中「長洲」沙洲地形的擴展。總之，此一面積至今未增，除略大於永和、蘆洲外，仍居北縣各鄉鎮之末，惟因人口過多，密度卻反居首位。

❾　陳正祥，《臺灣地誌》，上冊，民國48年，頁56～57。

❿　《臺北縣志·地理志（下）》，卷3，頁844。

⓫　鄭子政，〈臺北盆地的氣候〉，收入於《地學彙刊》，第1期，民國58年5月，頁45。另見陳正祥，《臺灣地誌》，下冊，頁1013。

⓬　新莊郡鷺洲庄役場，《鷺洲庄庄勢一覽》，昭和7年10月，頁3。

⓭　《鷺洲庄要覽》，昭和7年版，頁2～3。

⓮　陳正祥，《臺灣地誌》，上冊，頁89、186～187、191、193。

⓯　見盛清沂主編，〈臺北縣大事年表提要〉，《臺北縣文獻叢輯》，第1輯，臺北：成文出版社，民國72年3月，頁129。

⓰　三重市公所編印，《今日三重》，民國77年2月，頁7。

⓱　《臺北縣志·疆域志》，頁482。

⓲　當時淡北堡里之說，甚爲分歧，據道光二十一年（1841）戶口清冊所載另有十一堡之說，但因《臺北縣志·疆域志》中反駁其說，故此處採用七堡之說。見同書，頁369～371。

⓳　興直堡所轄之十九莊，範圍甚廣，除包含今三重、蘆洲、新莊、五股、八里、林口、泰山等全部鄉鎮外，還包括桃園與北投一部份，見盛清沂，〈臺北縣疆域沿革誌略〉，《臺北縣文獻叢輯》，第2輯，臺北：成文出版社，民國45年4月，頁43及《臺北縣志·疆域志》，頁370。

⓴　陳培桂，《淡水廳志》，卷3，「建置志·街里」，臺灣文獻叢刊第46種，頁49。另據同書所繪淡北地區分圖一中，有「九芎腳」之名，約爲今三重地，惜未見於任何文獻所載，故不知如何。目前所見有關三重埔莊較早的記錄，應爲《臺北縣志》中所錄乾隆三十九年三月的「三重埔莊古契」一張。

㉑　時臺北縣下共有臺北、新莊、士林、滬尾、樹林口、三角湧、桃仔園、金包里、頂雙溪、景尾、中壢與基隆等十三辦務署，見盛清沂，〈臺北縣疆域沿革誌略〉，頁52～53。

㉒　經過這次的改制，使得清代的堡里區劃，漸爲破壞，改由日後的街莊制

度所取代。見《臺北縣志・疆域志》，頁392。

㉓ 盛清沂，前引文，頁60～66。

㉔ 盛清沂主編，〈臺北縣大事年表提要〉，頁136。

㉕ 縣轄市設置標準，依地方自治綱要第四條規定：「凡人口集中在十萬以上，工商業發達，財政充裕，交通便利，公共設施完備之地區，得經縣議會通過後，由縣政府呈報省政府核定，設縣轄市」。見楊三東，〈三重市公所組織與職權之研究〉，政治大學公共關係研究所碩士論文，民國64年7月，頁4。

㉖ 《臺北縣新聞史料彙抄》，第5冊，大正15年12月4日，「先嗇宮建醮餘聞」條，頁5。及同冊，大正15年12月11日，「先嗇宮之慶成建醮」條，頁13。

㉗ 《臺北州報》，第537號，昭和5年8月23日，頁39～40。

㉘ 臺北縣政府主計處編印，《臺北縣統計要覽》，第1期，民國41年 6月，頁22。

㉙ 《臺北縣統計要覽》，第11期，民國51年7月，頁60。

㉚ 《臺北縣統計要覽》，第21期，民國61年11月，頁52～53。

㉛ 三重市公所編印，《三重市貌》，民國80年5月，頁10。

第二節　早期的開發

一、開墾時間與相關課題

　　關於早期臺北盆地內各鄉鎮之開發情形，各家已有所述❶，但對盆地中央的三重探討，卻多語焉不詳。或囿於文獻資料，或礙於他因，對此地開闢情形的說詞總顯單薄。為求淡水河西岸平原之開闢情景，能逐一浮現，早期三重的開發課題，也勢必有所

分析與說明。

　　據前人研究，凱達格蘭族是最早移墾臺北盆地的原住民❷，當時他們在三貂角形成部落後，一支即沿海岸東進與西進，東進者形成噶瑪蘭族；西進者，則分別沿著淡水河及基隆河前進，在沿岸設立若干番社❸，在臺北盆地部份，共有十九社（見圖1-5），

圖1-5　臺北盆地平埔族聚落分佈圖

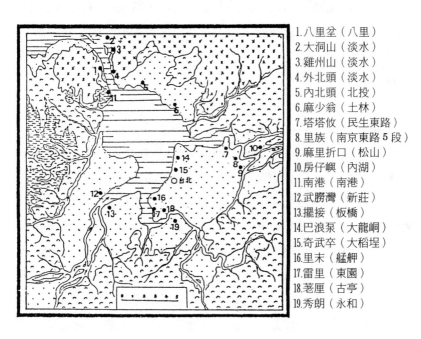

1.八里坌（八里）
2.大洞山（淡水）
3.雞州山（淡水）
4.外北頭（淡水）
5.內北頭（北投）
6.麻少翁（士林）
7.塔塔攸（民生東路）
8.里族（南京東路5段）
9.麻里折口（松山）
10.房仔嶼（內湖）
11.南港（南港）
12.武勝灣（新莊）
13.擺接（板橋）
14.巴浪泵（大龍峒）
15.奇武卒（大稻埕）
16.里末（艋舺）
17.雷里（東園）
18.荖厘（古亭）
19.秀朗（永和）

資料來源：①伊能嘉矩，《臺灣蕃政志》，明治36年3月，頁57。
　　　　　②張耀錡，〈平埔族社名對照表〉，民國40年，頁40～43。
　　　　　③廖春生，〈臺北之都市轉化—以清代三市街（艋舺、大稻埕、城內）爲例〉，臺灣大學土木工程研究所碩士論文，民，民國77年6月，頁24。

其中多數均在今臺北市內，惟獨擺接社（今板橋）、秀朗社（今
永和）與武勝灣社（今新莊）三社例外。其時由於海進期影響❹，
今三重部份僅有小部份與新莊接攘處爲陸地，其餘皆沒入湖底。
因此，當他們沿河前進，選擇「可容萬夫之耕」❺的新莊爲聚居
點而不取三重小部份的沙洲地形時，這應不難理解。而後的海退
期，三重大部份土地再度浮現❻，但爲時不久，康熙三十三年的
地震，又使此區陷爲臺北大湖底部。所以，當盆地內其他地區陸
續開發時，三重仍在湖底沉眠，此亦爲爾後發展落後他區之因。
受此地震影響，原本居於沿岸的平埔族人，相當惶恐，終率相離
去❼。由於平埔族人往內遷移，使得往後移墾臺北盆地間的閩、
粵移民，得以較不受限地進入開發與居住。

　　繼郁永河北部採硫磺後，臺北盆地進入了前所未有的田土大
力開發期，由於大陸閩、粵二省地少人稠，賦稅沈重，耕地不足，天
災動亂頻仍，加以有重商趨利的傳統❽，因而向海外開發富源，
乃利之所趨，必然之事。在「無田可耕，無工可傭，無食可覓」
❾的情形下，乃積極向擁有著肥沃土地，富饒資源的臺灣開發，
加上清廷禁墾令漸弛，渡海來臺的移民增多；而南部田土此時又
開墾漸盡，北臺部份卻仍多未經開發之處女地，因而移往北臺開
墾，勢爲必行❿。此批閩、粵移墾者也多循當初平埔番人所立的
番社作爲其移墾的起點。在淡水河西岸部份，移墾者的前進路線
大致有三：一爲入淡水港岸後，以淡水對岸八里坌（今八里）爲
起點，以陸路方式，經五股、泰山而至新莊；二爲河運方式，沿
淡水河岸直駛新莊；三則以竹塹（今新竹）爲起點，經桃園臺地
以迄新莊。

　　為何所選終點均在新莊，而不在它處？究其原因，乃在於新莊擁有優越的地理位置與河港條件：由於新莊正位居大嵙崁與新店二溪會流處，港闊水深（四十里），且正位於臺北大湖海潮流向之轉折點，故大陸來之帆船入干脰門（關渡）後可直駛新莊。此外，北臺與桃園隔絕之龜崙嶺山路亦在雍、乾之際開通❶，故此地得以形成南北往來之交通要衝。而後，又鑑於新莊日趨繁榮，「頗有商業性格」❷，地理位置甚為重要，清廷乃於乾隆三十二年（1767）將淡北地區最高行政官署由原來之八里坌巡檢司移駐於此❸，乾隆五十五年（1790）又升新莊巡檢為縣丞，使其地漸成一政、軍中心❹。

　　另就河港地形而言，其時淡水河西岸蘆洲、三重等地，雖已漸露田土，但因沖積而成的凸岸地形不若新莊之凹岸地形利於船隻停泊，故新莊得以形成河港較其他市鎮提早開發❺。依此而形成的商業聚落與市街，也較對岸的艋舺、大稻埕來得早。而相鄰的三重，除為凸岸地形，不利河港建立外，影響其開發時間最大者，還在於其沙洲地形浮露是從新莊接攘處往北、東方向擴散開來，因之，其開發順序便依著新莊而來。三重位於淡水河畔，原有利於早期開發，惟因河港條件不足，加以地勢低窪，水患頻繁，土地形成較遲，發展終落後其他市鎮。

　　現今三重市行政區，包含三重與二重兩地，這兩地即舊有「三重埔」與「二重埔」。關於這兩個地名由來，或曰命名原因不詳，今據縣志的記載為：「本鎮以昔日三重埔莊命名，昔時移民由今新莊頭前地區來闢。乾隆初十餘年間，開闢已遍。今二重、五谷二里乃昔日二重埔莊地區，蓋為第二段闢地之謂。其他各里，

皆爲昔日三重埔莊地區，爲第三段闢地之謂。今新莊頭前，即頭
重埔之謂。以闢地前後而言，故趨向三重，而闢地年代，則亦稍
晚也。嗣居民漸多，乃更有小莊地名」⓰。此外，由於三重土地
浮露是從新莊接攘處向外擴散，因此，頭、二、三重埔的命名應
與其土地浮露順序有絕大關連。

　　閩、粵沿海居民常稱河邊沙洲地爲「埔」⓱，三重既爲沖積
沙洲地形，因之，三重埔、二重埔等名號⓲，從閩、粵移墾者口
中而出，勢爲必然。至於「頭重埔」一地，原應爲首段闢地，今
已不存此名號。或曰其名不雅，音轉爲「頭前」。《淡水廳志》
附圖中仍有頭重埔一地，或可見其梗概。由於三重全境多屬沖積
土壤，且坡度平緩，相當易於開墾，因而才有乾隆初十餘年間，
開闢已遍的說法。關於此說，若屬事實，則三重土地浮現的速度，亦
相當驚人。康熙三十六年（1697）郁永河還在描述臺北大湖情景，乾
隆初十餘年即已開遍，其間爲時不過四、五十年。自此，當可推
知，三重一地的形成，至遲在雍、乾之際即已宣告。另據日本學
者富田芳郎的說法，「莊」爲小型的村落型態⓳，學者戴炎輝亦
稱「莊」乃散處各地，住民大率以耕稼、伐木、捕魚爲業之地⓴。
由此亦可得知，《淡水廳志》所載的三重埔莊，在清朝同治年間，已
是個典型農業聚落。

　　康熙四十八年（1709），首先拓墾北臺的墾戶「陳賴章」，爲
臺北盆地的開發揭開了序幕。彼等雖申請「東至雷厘、秀朗，西
至八里坌干脰外，南至興直山腳內，北至大浪泵溝」約五十餘甲
田園開發㉑，但因條件限制，開闢者並未到達淡水河西岸，故三
重亦不在開發之列。直至雍正五年（1727）福建貢生楊道宏的開

闢興直之野❷，淡水河西岸平原才眞正進入開闢期。緊接著楊道宏後，移墾人數漸多，土地開發面積亦日增，有關三重部份，據縣志記載，至遲在乾隆十五年時即已開發殆盡（見表1-3）。

表1-3　三重各地開闢時間、祖籍與姓氏一覽表

里名	地區（莊）	開闢時間	祖　籍	姓氏（名）
二重	大有	乾隆十年間	泉　　州	林
	頂崁、陡門頭	〃	〃	葉
五穀	五穀王	〃	〃	王
	中興	〃	〃	蔡
德厚	後埔	〃	〃	李
	竹圍子	乾隆十年	漳州　安溪	陳
過田	過圳、田心子	乾隆十三年間	泉州　同安	林拱照
福祉	簡子畬	乾隆十二年	山胞(臺灣原住民)	簡
同安	同安厝、港墘	乾隆十四年間	泉州　同安	林
茉寮	茉寮、共榮等	〃	〃	林、李
開元	大竹圍	〃	〃	李、陳
長泰	長泰	〃	〃	李
六合	六張	乾隆十五年	〃	蔡
厚德	三張、後竹圍	〃	〃	林
永安	後竹圍子	〃	同安縣龍美社	林
溪美	溪尾	〃	同安連板仙岳社	葉皇山
慈化	溪尾	〃	同安英倉社	汪昌、汪麟

資料來源：臺北縣文獻委員會編印，《臺北縣志·開闢志》，民國 49 年，頁1359～1361。

從上表中可看出，移墾三重的閩、粵移民，由於渡海來臺時間不一，因而移墾開發多有其先後順序。後雖有康熙、乾隆、道光三朝之說❷，不過，大抵以乾隆朝爲主要開發時間。此批移民來此後，基於同宗凝聚力，且爲自保，故鄰里鄉黨多爲同祖籍與同方言之族人。亦是由此血緣、宗族意識所化約成的地緣意識，引導出以後不同程度的激烈衝突。

二、開墾制度與組織

閩、粵移民在進行北臺拓墾時，其所採方式大致有三：㈠墾戶集股，以行開墾。㈡有力墾主，投資招佃，以行拓殖。㈢攜眷或單身渡臺，以從事開墾❷。由於開墾需有一定資產，非一般人民所能負擔，加上早期墾地相當遼闊，耕作非一己之力所能完成，故在拓墾時，多由具有財力之墾戶以招佃方式，佃予他人。又因開墾之地常與番界衝突，領墾之地常需貼補番社餉銀，墾首合股開墾的例子也因而增多。在開墾過程中，墾首多負責設隘防番，佃首則多顧收租，二者均未實際投入開墾行列，大多數的墾荒工作乃由招來之佃戶獨任❷。由於所需人手衆多，渡海來臺的移民也相繼增加，惟因移墾條件限制，此時移墾北臺的份子，無論墾戶、大小租戶，甚或佃農，仍以年青力壯的成年男子居多。此一情形，不但表現出「移墾社會」成員的單一性，也構成清領臺灣社會的主要特色。

至於土地的開墾，爲避免番、漢之間發生糾紛，常需有一定手續，墾戶才能獲得眞正的業主權。當墾戶看中一塊土地後，首先需至縣治，向地方官府申請墾照，說明墾地土名、界址，由官

圖1-6 清領時期興直堡圖(一)

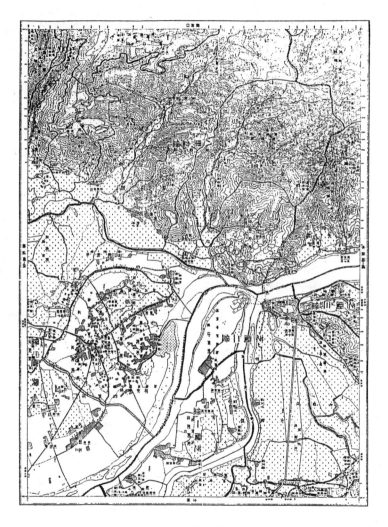

資料來源:《臺灣堡圖集》,頁14。

圖1-7　清領時期興直堡圖(二)

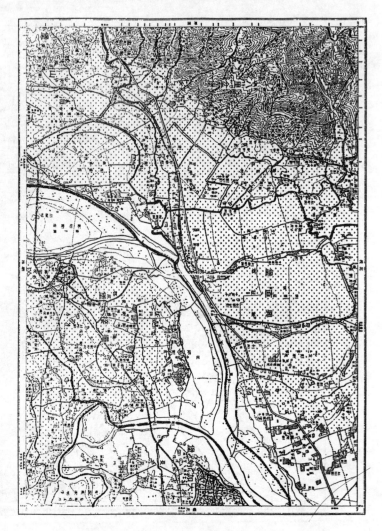

資料來源：《臺灣堡圖集》，頁15。

方派人查勘墾地四至內有無妨礙土著與漢人界線或重墾情形，並在該地出示曉諭五個月，若無他人提出異議，才發給墾照。但此一墾照僅有開墾權，需在規定年限內墾成陞科，向官方繳納正供，方取得業主權㉖。由於墾首所申請的土地，往往有數十甲以上的面積，根本無力獨自耕作，因此需再招集佃戶，將既得土地逐塊劃分，租給佃戶開墾；墾成後，佃戶繳納既定的租谷給墾戶，再由墾戶納正供與官府，三者間的關係由此確立㉗。

　　開墾需有一定的工本，如牛隻、種子、食糧、農具、架造田寮和開闢陂塘等，但實際開墾者卻是一大群一貧如洗的佃戶，面對此一情形，他們如何應對？大多數史家均認爲此一生產工具多由墾首提供，畢竟他們擁有雄厚的資產，但施添福以多年研究竹塹地區的開發情形發現：中、北部散村的形成與佃戶常需自備工本以從事開墾有密切關係。其根據檔案、古契發現佃戶並不全然依靠墾首所提供之生產工具，相反卻獨自承擔開墾工本㉘。關於此一論調，筆者認爲施氏所謂的佃戶，應指小租戶而非廣大的佃農。因佃農隻身渡臺已屬不易，如何能在開墾前就具備如此龐大的工本，故向墾首或他人借貸，應爲實情，迨有一定累積後，即可自備工本，進行下一波的拓墾。

　　另關於三重埔的墾首課題，溫振華在其碩士論文中，將臺北盆地內移墾社會中的領導階層歸類爲「通事」、「士紳」與「農民」等三種類型，而三重一地的拓殖領事則屬士紳型㉙。其實此一論述並不周延，三重一地的開發，領導階層的組成，照表1-3所述，無疑有多種。但因此地（指淡水河西岸平原）領有墾照之人如楊道宏、胡焯猷、郭宗嘏，多爲貢生或監生，故溫氏方有此

一論述。早期三重的拓墾，既有漢人佃戶所佃每張五甲多之「三張」、「六張」地名❸，亦有番人所墾之「簡子畬」地名，故三重拓墾領事應有其過渡性格。但無論移墾份子之組成如何，在墾戶、租戶、佃戶的努力下，三重終由一荒埔，逐漸演變為一農業聚落。

三、開墾者的祖籍分佈

前言述及，臺北盆地內實際開闢者，多為墾首招募而至的佃戶❸，因此組成分子易顯雜亂，雖同為閩、粵二省移民，姓氏與祖籍分佈卻多有不同，尤其祖籍分佈課題，更是一大爭論。大多數史家皆認同盆地內最早移民者乃閩南泉州人士，彼等所根據者，最主要乃連橫《臺灣通史》與伊能嘉矩《臺灣文化志》內二氏之說。遲至七〇年代，因古文獻、老字據等資料的出現，此一論點才遭到質疑與批駁。據尹章義以研究新莊一地發展多年之成果，博採古文獻資料，如田契、租約、族譜等，認為臺北平原內最早移民者乃粵省潮州人，反駁傳統論調❸。此舉一出，引起眾大爭議。實際上，由於盆地內最早開發處乃今北縣新莊一地，非臺北市內，而以往之說，多採北市角度，故泉州之說才應運而生。姑不論「泉潮之辨」何方勝利，但從本研究主題，位於北市、新莊過渡地帶的三重，其祖籍分佈究竟如何的課題著手，或可為此爭論提供一緩衝意見。

據溫振華對此地祖籍分佈研究發現，福建泉州同安縣人所佔比例最高❸，林再復在《閩南人》一書中所載，其認為開發三重者，亦多為泉州人（見表1-4）；另陳漢光據日總督府在昭和元

表1-4　早期開發三重者之姓名、祖籍與時間

姓　　名	祖　　籍	開發時間
林　功　成	泉州府同安縣	乾隆末葉
黃　瑞　端	〃	康熙中葉
李　　前	〃	乾隆初葉
李　財　源	〃	道光年間
李　梓　宗	泉州府安溪縣	乾隆中葉
莊　士　齊	泉州府同安縣	乾隆初葉
鍾　昭　官	漳州府龍溪縣	乾隆年間

資料來源：林再復，《閩南人》，臺北：三民
書局，民國74年11月，頁381～406。

年（1926）所作的調查，三重市（含蘆洲鄉）居民祖籍分佈爲：泉州府安溪縣佔200人，泉州府同安縣佔19,900人，三邑（即南安、惠安與晉江三縣）佔300人，至於籍隸潮州者，則全無一人❸❹。而今存三重溪尾地區之古契、族譜資料，亦證明從乾隆十五年後，本區爲泉州同安籍人之集結❸❺。此外，從各開闢資料與眾多圖表中，也很難尋出本區移墾組成份子中有潮州人佔大多數的說法❸❻。

　　自此看來，此地移民爲泉州之說，勢有較大回應。但尹章義卻獨排眾議，其根據古文獻資料，認爲今三重、蘆洲與五股一帶，應屬粵籍潮州人居多之地❸❼。但據筆者認知與實地調查結果發現：三重區內最早一座寺廟，建於清乾隆二十一年（1756）的二重先嗇宮❸❽，其宮內所祀奉的神農大帝，正是泉州同安人移墾區奉祀之主神❸❾。而潮州人移墾區奉祀之主神－－三山國王，卻未見於三重地區文獻記載或寺廟內供奉。另三重有泉州同安地名，獨不見潮州任何一處地名，亦不利潮州之說。

　　究竟泉州抑或潮州人在本區佔多數，筆者雖較認同前者，但因乾隆十五年前移居者之渡臺資料難考，各家又多堅持己見，恐怕一時仍無法得出令人完全信服的答案。或可這般認為，盆地開墾初期，因族群意識較不明顯，閩、粵移民極有可能雜居一處，惟因經過道光二十（1840）、二十一年兩次的分類械鬥，使得盆地內鮮少有粵人蹤跡❹，又經咸豐三（1853）、六、九年的三次族群械鬥，以泉州人為紐帶的關係，終在盆地內確立❹。

註　釋

❶ 關於臺北盆地開發的記述，多散落在臺北市、縣文獻刊物上，今記載較詳者有廖漢臣，〈臺北縣的開發〉，《臺北縣文獻叢輯》，第2輯，民國49年，頁20～86。尹章義，〈臺北平原拓墾史研究（1697－1772）〉，收錄於該氏著《臺灣開發史的研究》，臺北：聯經出版事業公司，民國78年12月，頁29～172。溫振華，《臺北市發展史》㈠，「開闢志」，臺北：臺北市文獻委員會編印，民國70年10月，頁905～947等等。

❷ 見伊能嘉矩著，臺灣總督府民政部殖產局編印，《臺灣蕃政志》，1903年3月，頁57。林英彥，〈臺灣先住民在狩獵時期之經濟生活〉，收錄於《臺灣經濟史十一集》，臺灣研究叢刊第113種，臺北：臺灣銀行經濟研究室編印，民國63年12月，頁1～16。

❸ 據荷蘭文獻所載應有22社，但據郁永河《裨海紀遊》所載則有24社，另據周鍾瑄《諸羅縣志》所載則僅有10社。見盛清沂，前引文，頁37～38。

❹ 此時期的海進，即為距今約二千年前的「西新庄子凱達格蘭文化期」，見石再添等著，前引書，頁233。

❺ 余文儀，《續修臺灣府志》，文獻叢刊第121種，頁544。

❻ 此時期的海退，即為距今約一千三百年前的「十三行文化期」，見石再添等著，前引書，圖3-m，頁204。

❼ 郁永河，《裨海紀遊》，頁23。

❽ 溫振華，〈清代臺灣漢人的企業精神〉，《師範大學歷史學報》，第9期，民國70年5月，頁113。

❾ 沈起元，〈條陳臺灣事宜狀〉，載賀長齡輯，近代中國史料叢刊，第 74 輯，《皇朝經世文編》，卷84，「兵政十五·海防（中）」，頁3025。

❿ 見尹章義，《新莊發展史》，新莊市公所印行，民國69年7月，頁4；另見陳正祥，《臺灣地誌》，下冊，頁1018。

⓫ 阻隔新莊、桃園間之龜崙嶺山路已於雍、乾之際開通（尹章義認為此山路應有新舊兩道，舊道於雍正十一年開通，新道則於乾隆十六年開通，見前註尹書，頁35。但陳正祥等人，則認為此一山路約於乾隆初年（1740左右）開通，見前註。二者說法有些許出入，待考。），這使得南部移墾者可經由陸路方式到臺北，不須再取海路舊道八里坌。

⓬ 尹章義，《新莊發展史》，頁24。

⓭ 范咸，《重修臺灣府志》，臺灣文獻叢刊第105種，臺北：臺灣銀行經濟研究室編印，頁91。

⓮ 臺北縣立文化中心編印，《臺北縣人文古蹟圖鑑》，民國77年8月，頁46。

⓯ 《臺北縣新聞史料彙抄》中記載，臺北平原最初即是以新莊、板橋二地為中心而逐漸發展的。見臺北縣政府抄印，大正14年5月26日，「於臺北平原文化發達之跡（中）」條，頁115～117。

⓰ 《臺北縣志·開闢志》，頁1358～1359。

⓱ 臺北縣政府編印，《我的家鄉－臺北縣》，民國74年10月，頁42。

⓲ 閩南人稱平坦且未經開發之土地為埔，今見於文獻資料，「三重埔」一地，除今三重外，樹林、南港、新竹等地亦有一三重埔，由此可知臺灣埔地地名之多，惟因同名之累，研究時頗增困擾。

⓳ 富田芳郎，〈臺灣鄉鎮之研究〉，《臺灣銀行經濟月刊》，7卷3期，民國44年6月，頁86。

⓴ 戴炎輝，〈清代臺灣鄉莊之建立及其組織〉，《臺灣經濟史九集》，臺灣研究叢刊第76種，臺灣銀行經濟研究室編印，民國52年4月，頁61。

㉑ 《清代臺灣大租調查書》，文獻叢刊第152種，頁2。

㉒ 臺灣省文獻委員會編印，《臺灣省通志稿》，第2冊，卷7，「人物志」，民國51年12月，頁80～81。楊道宏在雍正五年祇申請到開墾執照，過了

　　三年才招募到佃農從事開墾工作。見《清代臺灣大租調查書》，頁7。

㉓　陳再復，《閩南人》，臺北：三民書局，民國74年11月，382～406。

㉔　陳乃蘗譯，〈臺北盆地閩族農家房屋之構造與設備〉，《臺北文物季刊》，8卷4期，民國49年2月，頁104～105。

㉕　施添福，〈清代臺灣竹塹地區的聚落發展和形態〉，收錄於中央研究院臺灣史田野研究室論文集(1)，《臺灣歷史上的土地問題》，民國81年12月，頁79。

㉖　溫振華，〈清代臺北盆地經濟社會的演變〉，國立臺灣師範大學歷史研究所碩士論文，頁22。

㉗　戴炎輝，〈清代臺灣之大小租業〉，《臺北文獻》，第4期，民國52年6月，頁8。

㉘　施添福，前引文，頁57～104。

㉙　溫振華，〈清代臺北盆地經濟社會的演變〉，頁21。

㉚　一張為五甲多，如墾「六張」地，則面積已逾三十甲以上，能擁有此一土地者，應躋身墾首之列才是。

㉛　墾首須有相當的資財，方能招募佃農從事開墾。由於佃農所分得之土地過多，無法靠自己全部耕作，故再招募佃農，分成更小之區域來墾殖，佃農從小佃農那裏收租稅，又繳租給領有墾照之墾首，故習稱墾首為「大租戶」，佃農為「小租戶」，至於真正耕種者才是那些小佃農。有關清代大小租問題，可見陳其南，《臺灣的傳統中國社會》，臺北：允晨出版社，民國78年1月，頁44～90。戴炎輝，〈清代臺灣之大小租業〉，頁1～48。

㉜　尹章義，〈閩粵移民的協和與對立〉，收錄於該氏著《臺灣開發史研究》，臺北：聯經出版事業公司，民國78年12月，頁349～380。

㉝　溫振華，〈清代臺北盆地經濟社會的演變〉，頁114。

㉞　陳漢光，〈日據時期臺灣漢族之祖籍調查〉，《臺灣文獻》，23卷1期，民國61年3月，頁93。

㉟　見唐羽，〈溪尾庄古契彙編（上）〉，《臺北文獻》直字第79期，民國76年3月，頁208～212。

㊱　如墾興直堡的楊道宏為閩南人，林成祖為福建漳浦人，見廖漢臣，《臺

灣開闢資料續編》，臺灣省文獻委員會印行，民國66年6月，頁26、31。
而三重各里的開闢者，如表1-3、1-4所示，亦多為福建同安人。此外，
從其他言分佈、祖籍分佈圖中，亦得出相同結果。

❸❼　尹章義，〈閩粵移民的協和與對立〉，頁367。

❸❽　花松村主編，《臺灣鄉土人物全書》，上冊，臺北：中一出版社，民國
　　77年4月，頁283；另見《臺北縣志‧大事記》，頁184。

❸❾　施振民，〈祭祀圈與社會組織〉，中央研究院民族學研究所集刊第36期，
　　民國64年2月，頁198。

❹⓿　有關道光朝盆地內的分類械鬥，可參閱伊能嘉矩，《大日本地名辭書續
　　編》，第三臺灣，頁13。及李添春，〈臺北地區之開拓與寺廟〉，《臺
　　灣文獻》，第1期，民國65年9月，頁75。

❹❶　有關咸豐朝盆地內的分類械鬥，可參閱王世慶，〈海山史話（上）〉，
　　《臺北文獻》直字第37期，頁26～28。及田中一二編、李朝熙譯，〈臺
　　北市史－昭和六年(一)〉，《臺北文獻》直字第106期，民國　82年12月，
　　頁161～170。

第三節　水利的興修

「水利開發與水稻耕作的普及是漢人在臺灣開墾的第二特徵，水
稻耕作與水利的關係密切。因此，如何去取得水源乃是稻作區農
民最關心的事」❶。三重現今雖為工、商業蓬勃發達區，但在開
墾初期，農耕型態卻相當顯著。今存道光二十二年（1842）「廣
記總抄簿」中，記載道光二十二年至同治八年（1869）三重「達
友庄」與「車路頭」二地佃戶所繳與業戶「廣記」之小租稅與園
稅，已可見當時三重農耕情形❷。另據三重埔北郊溪尾庄之古契

資料（如契券、譜牒等），亦概括記述三重從清乾隆三十四年至日昭和末期，整個農業發展與經營過程❸。而後日據時期之記載，亦多呈現三重為水稻、蔬菜栽培區之事實，另據陳正祥在光復後的實地調查，三重仍為臺北盆地內重要的蔬菜與水稻栽培區❹，由此可推知清朝移墾時之農業特性，祇是其水稻比重應大於蔬菜栽培，蓋當時臺北盆地尚未形成大都市也，其蔬菜需求並不如日後重要。

　　以稻米為主食的閩、粵移民，在臺北盆地內進行開拓，初期只是粗放的農耕亦即將荒野闢為旱園。但因自然——特別是氣候條件的侷限，盆地內較不適於高經濟作物（如甘蔗）栽培，因此祇能把土地開闢成水田或園，種植稻米、甘薯、荳子或其他經濟價值較低的雜糧作物，三重也不例外。而在引水灌溉方面：不是在天然池沼周圍築堤以蓄水，就是利用高處鑿窪瀦蓄水成陂❺。但此種方式自然需受水源不固定與儲水量有限的困擾，這對水稻等作物的耕作與生長，皆相當不利。三重方面，由於濱臨淡水河，初期的開墾還可借助河水灌溉❻，及至後期濱水之地開墾殆盡，亦面臨灌溉水源不足的問題。此外，農家在初步墾成田園後，亦多致力於移轉原鄉歲皆兩熟的集約水稻耕作，這除須投入大量時間與勞力外，更須克服用水問題❼。是故，如何利用河川、築陂修圳、引水灌溉，便成為農事上的一大課題❽。

　　水利興修對農事上來說，有其絕對必要性，尤其水圳的開鑿，更是重要。但一般佃戶根本無力負擔如此龐大費用，因此，水圳大多由有力之家出資開鑿，通水之後，由圳戶向墾佃收取水租，以維修圳道和水口。據溫振華的統計，圳戶們在水租方面的收益，

圖1-8　台灣北部的水車

圖片來源：雄獅美術編輯部編，《攝影台灣》，民國82年10年月，頁61。

常為大租的三分之一至二分之一間❾。因此，在能獲利情況下，臺北盆地內一些重要水圳的開鑿，便成為拓墾者與外地資本家積極投入的對象❿。

　　三重雖然外圍即濱臨淡水河，且本身的土壤亦是相當肥沃的沖積土，適於耕種作物。但三重早期的開發，由於人口稀少，引水技術亦甚落後，且淡水河在雨季或颱風季節來臨時，常造成洪水氾濫。在未沿河築堤的情形下，農田流失的情形相當嚴重⓫。因此，三重一地，本身並無類似水圳的開發與修築，大多依賴其他鄰近區大租戶們早已開鑿的水圳，就近加以利用或延長修濬，以便從事農田灌溉與耕種。

關於三重水圳的利用，就文獻中所知，主要為「萬安陂」與「永安圳」：

㈠萬安陂：又名「劉厝圳」，為乾隆三十六年（1771）業戶劉承纘鳩人所築。其水源自擺接堡（今板橋）古寧莊下鑿引擺接溪而下，灌溉新莊中港厝、頭重埔、二重埔、加里珍等田二百六十餘甲❷，二重埔庄番業即曾向劉承纘購買此圳之水分田六十二分❸。

㈡永安陂圳：「長三十里，乾隆三十一年（1766），業戶張必榮捨地，張沛世出資合置；相傳為沛世。……灌溉海山庄及擺街堡之西盛，柑仔林，與直堡之新莊頭、二、三重埔等田六百餘甲」❹。

其實永安陂圳遠在擺接堡（即今樹林、板橋一帶），但二、三重埔由於嚴重缺乏水源，因而向其延長修濬，以利灌溉。此段水圳在新莊、三重一帶，另有別名「海山大圳」。所以，海山大圳即永安陂圳之延坤。海山大圳於乾隆三十年開鑿，由業戶張必榮供應土地，原本要從「新莊街草店尾」以北開鑿至三重埔❺，但因受二、三重埔間地帶之平埔番阻隔，銜接上有困難。但張必榮是此一灌溉區域的大業戶，資金與土地不虞匱乏，與番戶亦有交涉。故三重埔莊缺水源的一些佃戶，才聯名要求延長水圳，以便灌溉田園。三重埔段的大圳於乾隆三十七年鑿妥，永安圳才全部完成。關於「永安陂圳」一名之說，據連橫所著《臺灣通史》所指，乃張必榮與張沛世提供土地、資金，共同開鑿而成❻，故又名「張厝圳」與「沛世陂」。但尹章義根據租業契約等原始文件（如「水圳原由便覽」）的記載，說明張沛世是張必榮的管事，永

安陂是張厝圳的說法可成立，但所謂的沛世陂則在今土城鄉內，並非永安陂的別稱❶。

　　三重地區之農田灌溉，除引上述兩條主要水圳作為水源外，在境內，亦多利用雨水及各圳餘水之蓄貯，即所謂「埤」的水利設計。如「糧埤」、「番仔埤」二者即是：

　　㈠糧埤：前述興修「劉厝圳」之大業戶劉承纘，其祖父劉和林在石頭溪所開築的一座糧埤，很早就供應三重等地區的農田灌溉。其灌溉的區域為頭、二、三汴，即今三重與新莊的鄰接地區❶。

　　㈡番仔埤：漢人在此區築圳、開墾，平埔族人亦效法學習，因而有番仔埤的設立。據乾隆三十四年（1769）十一月三重埔庄林節等要求水灌田合約的附批記述：

　　　批明：所墾之小路係由番仔埤經過，但埤口原有消水溝乃鄧謀覬引灌己田之圳……。❶

　　另據乾隆三十九年三月，「三重埔古契」的記載，三重埔與二重埔間有平埔番武勝灣北勢社埤圳、水田的分佈，故當時淡水河西岸平原上的漢人即習稱此埤為「番仔埤」。

　　水源的開闢既已完成，原應積極投入水田開墾，但在田水運用與各項天災、人為因素主導下，水源的維護卻突顯困難。由於這些埤圳皆採分水灌溉方式，而播種插秧之後，田中水量多寡又和稻禾生長情形息息相關，因此在水稻耕作時期，農家必須日夜巡視圳水，一者控制水量；二者防備田鄰盜拆陂圳，壅塞水源，

將水截去別處灌溉；三者如逢天旱水缺，亦可乘隙偷水。除此以
外，由於這些水圳鄰近大溪，而臺北盆地夏季又多暴雨和颱風，
時常發生洪水氾濫，以致沖毀圳道，淹沒稻田。因此，農家還需
經常投入勞力、時間和工本，重建田中分水渠道和重整田園❷。
總之，雖然埤圳已興修完成，但對農民來說，還須注意水源的維
護，方能求得田園耕作順利。

圖1-9　淡水河西岸平原水圳圖

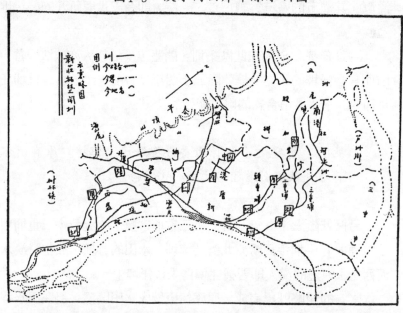

說明：這是以現在的行政區為基礎製作的新莊平原的拓墾和張厝圳、劉厝圳
　　　灌溉區的簡略示意圖。全部淡水河岸都以虛線表示，因為這線的變化
　　　太大，河上洲以北和三重埔東北的大片地區，當時都不是實存的，都
　　　在台北大湖底。

資料來源：尹章義，《新莊發展史》，新莊市公所編印，民國69年7月，頁19。

　　綜上所述，三重一地的水利興修，無論圳、埤或陂的開鑿，均與其農田耕作有不可或缺的關係，意即在初墾田園後，接著即需注重水利建設。雖然三重在乾隆十年間開闢已遍，卻是在乾隆三十五年前後才開始大事興修水利。由此可知，三重水利建設在時間上，似乎略晚於田園開闢，這也說明了土地從旱園轉變成水田，需有一定過渡時間。

　　其次，從番仔埤的設立中，也可得知清朝乾隆時期的二、三重埔間地帶，多分佈著平埔番人，番、漢的雜處與融合，使得漢人耕作方式與技術，深深爲平埔番人模仿與學習，繼之，「水田化運動」得以在業戶、佃戶與番社的努力下，而在本區廣佈開來。

註　釋

❶　溫振華，〈清代臺北盆地經濟社會的演變〉，頁29。

❷　王世慶，〈十九世紀中葉臺灣北部農村金融之研究〉，《臺灣文獻》，39卷2期，民國77年6月，頁30。

❸　唐羽，〈溪尾庄古契彙編（上）、（下）〉，《臺北文獻》直字第79、81期，民76年3月、9月，頁207～258、119～228。及〈溪尾庄古契彙續編(上)、（中）、（下)〉，《臺北文獻》直字第84～86期，民國77年6月～12月，頁89～180、93～118、173～204。

❹　陳正祥，《臺灣地誌》，上冊，頁187。

❺　陳培桂，《淡水廳志》，卷3，「建置志·水利」，頁58。

❻　或謂此時淡水河中、下游部份爲一鹹水之臺北大湖，不適農業灌溉水之取用，但筆者認爲因受河水沖刷與淡化作用，且距開闢年代亦久，大湖已成河，鹹性亦降低，淡水河應適於灌溉之用。

❼　施添福，前引文，頁82。

❽　所謂利用河川，引水灌溉，最主要的即是「圳」的修築，圳是由河川上

游引導一條幹流，將其下流分爲數條，以灌溉水田之水道。見臺北廳總
務課編、陳榮斑譯，〈臺北廳志—明治三十六年（上）〉，《臺北文獻》
直字99期，民國81年3月，頁259。故淡水河西岸平原之灌溉，多利用淡
水河上游河川。

❾ 溫振華，《臺北市發展史》(一)，「開闢志」，頁929。

❿ 如淡水河西岸平原「張厝圳」、「劉厝圳」就是兩個大業戶張必榮與劉
承纘所出資興建的。

⓫ 關於農田流失的情形，在三重埔莊開闢古契中有如下的記載：「……三
重埔庄開闢埔園，因溪洲下處，屢被洪水淹沒，歷年失收，上誤國課，
下荒埔地。」，《臺北縣志·開闢志》，頁1392～1393。

⓬ 溫振華，〈清代臺北盆地經濟社會的演變〉，頁36。

⓭ 尹章義，〈臺北平原拓墾史研究（1697-1772）〉，頁113～114。

⓮ 陳培桂，前引書，頁57。

⓯ 同⓬，頁114。

⓰ 連橫，《臺灣通史》，卷31，臺北：眾文圖書公司，民國65年9月，頁
906。

⓱ 同⓬，頁115。

⓲ 《臺北縣志·開闢志》，頁36～37。

⓳ 同上，頁1393。

⓴ 施添福，前引文，頁83。

第二章　人口結構變遷與都市發展

　　所謂「都市化」係指人口往都市集中的歷程，這當中可能包含都市的吸力，都市與鄉街關係，以及都市社會之影響與整合諸問題。由於都市化的程度高低，常是觀察一地經濟社會變遷之重要指標❶，且都市發展與人口變遷有密切關係，故在衡量三重都市發展時，人口結構變遷的分析便來得重要。

第一節　人口的增長趨勢

一、日據時期之人口統計資料

　　都市發展雖與本身區位的優越與否有關，然而影響都市發展與成長者卻多賴於人口的持續增長。人口的增加除在數量上有所變化外，亦使都市在本質上展現不同風貌，如影響到都市階層劃分、改變都市土地利用、產業結構形態轉變及使都市機能和運作系統更趨複雜等等。因此，人口的多少便成為許多都市發展內在現象的重要的指標❷。

　　三重由於光復後方獨立成鎮，因此光復前的人口資料，並不容易掌握，清代甚或更早的記錄多付之闕如。如《淡水廳志》所載，道光二十一年（1841）臺北盆地與直堡內之戶口數有16,466

丁口❸，三重雖爲該堡一大要地，但因史料散佚及種種限制，仍無法得知該地的實際人口數。直至日據初期，鑑於殖民統治政策所需，乃於明治三十八年（1905）展開臺灣全島之人口普查❹，自此三重人口數的記載，方揭於史冊。

　　由日據時期每五年進行的人口普查資料中，得知三重歷次的人口數約如下（見表2-1-1）。由表可知，日據時期三重人口增加是平緩進行的，此時的三重主要是農業聚落型態，人口增加率變動不大。從明治三十八年（1905）至大正十四年（1925）的二十年間，人口變動幅度僅增加 6%，後因醫藥衛生普及，造就高出生率與低死亡率，自然增加的人口成長快速。至昭和十五年

表2-1-1　　日據時期臺北盆地內各鄉鎮人口數

	1905年	1910年	1915年	1920年	1925年	1930年	1935年	1940年
三重	10,410	11,530	11,500	10,874	11,061	12,597	15,331	18,512
北投	11,028	11,429	11,958	12,166	13,625	15,005	16,720	18,472
士林	19,967	20,971	21,065	21,016	22,333	23,724	24,804	26,400
內湖	8,147	8,374	8,691	8,996	9,121	9,791	10,087	11,002
南港	5,214	5,699	6,250	6,719	7,158	7,884	8,478	9,887
木柵	6,145	6,168	6,302	6,553	6,868	7,252	7,474	8,409
景美	3,840	3,895	3,902	4,196	4,655	5,137	5,641	7,087
新店	16,800	17,600	17,200	17,927	18,719	19,646	20,571	22,795
中和	11,971	12,617	12,719	13,141	13,661	14,073	14,862	16,916
板橋	14,151	15,133	15,733	15,818	17,046	18,135	19,590	20,870
土城	10,836	11,250	11,265	11,181	11,221	11,102	11,200	11,554
樹林	10,054	10,013	9,856	10,496	11,510	12,312	13,360	15,667
新莊	11,542	11,979	11,594	11,418	11,791	11,931	12,731	13,590
泰山	5,006	4,966	5,055	4,967	4,915	5,154	5,316	5,329
五股	7,112	7,046	7,133	6,871	7,155	7,811	8,122	8,425
蘆洲	7,838	8,403	8,435	8,220	8,499	8,968	9,457	9,385

資料來源：陳正祥，《臺灣地誌》，下冊，民國50年，頁1022。

（1940）時，三重人口數已達18,512人，增加率高達78%，在臺北盆地內各鄉鎮中，僅次於新店、士林與板橋，居第四位。隨後因太平洋戰爭緣故，缺乏例行之人口普查，至光復後才又進行調查，不過此時三重人口數仍持續增加，較少受戰爭影響。

二、光復後之人口統計資料

光復後，三重人口持續增長，據《臺灣省統計要覽》所載，民國三十六年（1947）時三重之人口數為26,194人，是1905年的2.5倍，在臺北盆地內，僅次於士林，屈居第二。翌年（1948）之人口數為27,006人，較1947年增加不到1,000人，成長率祇有3.1%，同時各鄉鎮的人口成長均不大，故此時期的人口增加可說是以自然增加（即新生兒的出生率大於年老死亡率）為主，移入移出的社會增加人口並不明顯。

但到民國三十八年（1949），因大陸戰亂，國民政府戰敗遷臺，各省同胞亦陸續來臺，其中多數均集居於臺北市及其近郊，三重也因此而造成人口激增，社會學者所謂「外省移民期」的浪潮於焉展開❺。是年，三重的人口突增為34,119人，成長率高達26.3%，較民國三十七年增加7,113人之多，可見社會增加變動率之大❻。此外，就此時期人口數的增加，亦明顯反應一事實：即在大陸國共內戰時期，受戰禍影響而遷臺者並不多，直到國民政府撤守臺灣後，隨著跟進的外省人口增多，臺北盆地內各重要市鎮人口才激增起來。由於外省同胞的相繼來此，使得此區以外省人口為社會增加的趨勢變強，據章英華的研究，民國四十～四十五年，三重外省人口年平均成長率為24.7%，而本省人口僅佔

10.5%，前者幾爲後者的2.5倍，同時期鄰近臺北市之各鄉鎮情形皆同❼。此種現象在三重來說直到民國四十五年後才發生轉變，本省他縣市的外來移入人口才超越外省人口，且持續增加❽，成爲本區社會增加人口大宗。但其他各區卻遲至六〇年代後，才逐漸減緩。由此可知，光復後所謂第一階段的「外省移民期」，是本區甚或北縣此時期人口增長最主要的來源。

表2-1-2　　三重歷年人口數與人口成長率

年次	人　口　數	成長率(%)	年次	人　口　數	成長率(%)
36	26,194	——	59	235,667	6.4
37	27,006	3.1	60	250,049	6.1
38	34,119	26.3	61	256,841	2.7
39	35,874	5.1	62	262,831	2.3
40	39,190	9.2	63	269,168	2.4
41	43,811	11.8	64	275,155	2.2
42	50,093	14.3	65	284,770	3.5
43	56,814	13.4	66	292,909	2.9
44	65,520	15.3	67	306,606	4.7
45	74,248	13.3	68	317,936	3.7
46	81,036	9.1	69	327,001	2.9
47	90,015	11.1	70	334,726	2.4
48	98,508	9.4	71	340,581	1.7
49	108,248	9.9	72	342,980	0.7
50	114,411	5.7	73	349,927	2.0
51	125,928	10.1	74	353,957	1.2
52	134,768	7.0	75	358,812	1.4
53	145,991	8.3	76	362,305	1.0
54	158,324	8.5	77	366,701	1.3
55	174,179	10.0	78	370,957	1.2
56	190,979	9.6	79	375,996	1.4
57	205,279	7.5	80	378,397	0.6
58	221,400	7.9	81	382,003	1.0

資料來源：三重戶政事務所統計資料

　　民國三十八年後，三重人口大幅成長，民國四十年時，人口已近四萬，居全省二十大城市之列。除二直轄市（臺北、高雄）、五省轄市（基隆、新竹、臺中、嘉義、臺南）外，在北部方面，當年人口數僅次於北縣所轄之瑞芳鎮，究其原因，係瑞芳當時仍為金礦、煤礦產區，挖金熱潮仍熾，人口大量聚集所致❾，爾後因金、煤等礦開挖殆盡，瑞芳人口亦大量消減。瑞芳的情形如此，三重卻因產業結構的轉型與地鄰省垣，逐漸成為一新興城鎮。

　　民國四十年後，三重人口愈形蓬勃，至民國四十七年，已有人口九萬餘，居全省十大城市之七❿。民國五十七年時，人口則逾二十萬，至民國六十七年時，又突破三十萬大關。由此可知，三重人口成長著實驚人，在三十年間共增加八倍半，年平均增加率達到7.5%，在全省各鄉鎮中，此種比例幾無一能及。雖然三重人口以激增方式進行，但每年增長率卻不盡相同（見上表2-1-2），不過，人口的持續增加總是事實。從民國四十一年至六十五年，三重的人口均居於臺北盆地各市鎮首位，及至民國六十五年後，才被板橋超過（見圖2-1-1）。究其原因，係三重人口已趨近飽和，且受洪害、噪音、污染等影響，而板橋為縣治所在，縣府正大力開發與整頓，因而吸引眾多人口遷入。

　　從民國三十八年直至六十五年，三重人口數均高居不下，但與本地人口的自然增加率卻又無太大關係。從表2-1-3中可看出，三重人口的自然增加數一直是平緩進行，變動比率與幅度並不算太高，但社會增加率卻有所不同。移入三重的人口，其增加數量與比率均較自然增加數來得高，至民國六十一年後，三重的自然增加人口才高於社會增加人口。綜上所述，造成三重人口增長最

主要的變數應是社會增加率的過大。

　　總之，三重人口增長趨勢，大致是從日據時期的「緩增期」，經光復初期「暴增期」，至七〇年代後的「緩和期」。人口增長方面，在日據時期多以自然人口為主，至光復後社會人口才逐漸超越自然人口，但至六〇年代後，自然人口又再度超前，成為此地人口增長之主因。另在移入人口來源方面，日據時期多為本籍人口，光復初期則以外省人居多，至五〇年代後漸為本省他縣市所取代。

　　　圖2-1-1　　臺北縣六縣轄市人口變遷圖（民國49～79年）

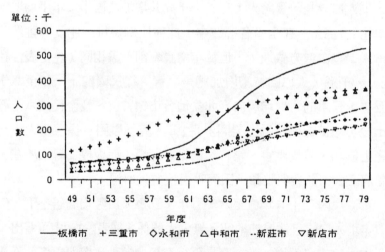

資料來源：陳東升，〈北縣人口遷移之特徵與趨勢〉，民國82年12月，頁27。

表2-1-3　　民國40～70年三重自然與社會增加人口數的分配

年次	自然增加		社會增加		年次	自然增加		社會增加	
	人口數	%	人口數	%		人口數	%	人口數	%
40	1,323	39.9	1,993	60.1	56	5,175	30.8	11,610	69.2
41	1,582	34.2	3,039	65.8	57	5,571	39.0	8,729	61.0
42	1,734	27.6	4,548	72.4	58	6,094	37.8	10,027	62.2
43	1,862	27.7	4,859	72.3	59	6,692	46.9	7,575	53.1
44	2,330	26.8	6,376	73.2	60	6,770	47.1	7,612	52.9
45	2,958	33.9	5,770	66.1	61	6,553	96.5	239	3.5
46	2,711	39.9	4,077	60.1	62	6,733	112.4	－ 743	－ 12.4
47	3,232	36.0	5,747	64.0	63	6,522	102.9	－ 185	－ 2.9
48	3,659	43.1	4,834	56.9	64	6,385	106.6	－ 398	－ 6.6
49	3,618	37.1	6,122	62.9	65	7,650	79.6	1,965	20.4
50	3,580	58.1	2,583	41.9	66	6,867	84.4	1,272	15.6
51	3,859	33.5	7,658	66.5	67	6,976	50.9	6,721	49.1
52	4,172	47.2	4,668	52.8	68	7,781	68.7	3,549	31.3
53	4,540	40.5	6,683	59.5	69	7,536	83.1	1,529	16.9
54	4,754	38.5	7,579	61.5	70	7,659	99.1	66	0.9
55	5,207	32.8	10,063	67.2					

資料來源：江雅美，〈三重市的人口決策及遷移過程之研究〉，民國72年7月，頁16。

三、人口增長之主因與相關問題之探討

　　大多數地理學與社會學者，對三重社會人口快速增加的看法均為：㈠民國三十八年後大陸各省同胞相繼遷臺，其中多數集居臺北市及其近郊，三重由於距離臺北市中心最近，交通位置重要，移入三重的人口因而大增。㈡受臺北市都市化與三重工、商業發達影響，本區提供眾多工作機會，因而吸引外來人口移入❶。此種解釋並無不當，但似缺乏縱深與多面向的考量，無法對三重人口社會增加率過快，作出更確切的說明，就筆者所知，三重在二、

三十年間移入人口大增，還有其內部因子：

　　㈠中央政府政策性考量：如前言所述，中央與地方政府決策，對一市鎮發展佔有絕大影響。政府遷臺之初，臺北作爲中央政府的臨時首都，面臨著兩個問題，一是大量外省人口的移入，一是中共犯臺的威脅。爲求疏解中心都市人口的壓力與避免戰爭的破壞，中央政府乃在四〇年代初期提出一「防空疏散政策」❷。舉凡鄰近臺北市區各市鎮，皆需受此命令，三重由於鄰近臺北市中心，因而被列爲空防疏散區❸。《臺北縣志·軍事志》內即有這麼一段記載：

> 民國四十年，臺北縣因接近臺北市區，曾『奉令』爲被疏散區，而對本縣各鎮較大街市（如板橋、淡水、三重等）之人口與物資，亦需作部份疏散準備。……故對以上三鎮，曾限制外來人口物資之遷入。❹

　　另就連接臺北、三重二地之「中興橋」橋碑所記，亦說明橋樑興建，有利於臺北居民就近疏散❺。由此可知，三重既被指定爲臺北市人口疏散區，所以由臺北市移往三重的外省人口因而增多，據李棟明的估計，戰後自大陸撤退來臺的軍民總數約91萬人，其中有三分之一遷入臺北地區❻，當中又有二十萬人遷入臺北市❼。由於臺北市有其戰略與人口壓力考量，故將外省人口疏散至臺北縣境，如此一來，造成縣內各鄰近臺北市之衛星市鎮社會人口大增，三重受此影響，社會人口因而激增。

　　㈡三重區位因素的考量：除中央政策決定外，三重自身內

部因素的考量，亦相當重要。光復後，三重已逐漸擺脫傳統農業機能，轉向工、商業機能發展。多數學者均認為三重相較於臺北市有較低廉的地價，充足的勞力與便捷的交通運輸❸，故使社會人口大增。基本上，這些觀點並無不當，但需注意的是：相較於北縣其他市鎮而言，三重的「路線平均地價」均較高（見表2-1-4）。工廠設於此，不見得最便宜。此外，從勞力的觀點分析，究竟是工廠設置吸引眾多人力抑或人力充裕吸引工廠設置，三重最初應屬於後者，那麼，以工廠增設來說明三重社會人口增多，顯然不當。至於以交通區位為考量，筆者認為此乃三重社會人口增多（且超越其他市鎮）之主因。三重除位於南北往來交通要道外，比起他市鎮而言，係距離臺北市中心最近者（見圖2-1-2）。

表2-1-4　三重等四市鎮路線地價增漲幅度比較表

地 區 別	最　高	最　低	平　　均
三　重	25%	0	15.51%
永　和	23%	8%	14.70%
新　店	17%	5%	13.10%
淡　水	14%	0	5.51%

資料來源：龍冠海，〈臺北市郊區四市鎮之人口結構與變遷之研究〉，民國59年11月，頁181。

圖2-1-2　四市鎮與臺北市間公路里程比較圖

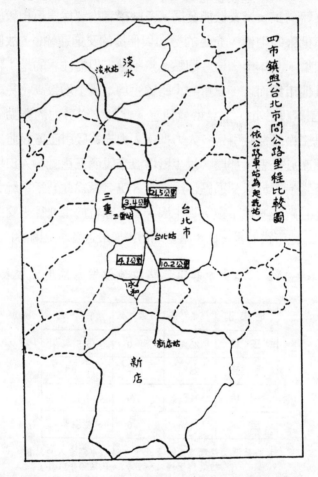

資料來源：同上表，頁180。

且環繞三重的鄉鎮，如蘆洲、五股等，均被劃歸爲農業區，供應
臺北市民部份蔬菜、水果與稻米所需。再則，由於高速公路開通，中

南部蔬果以卡車運往臺北，也使得三重成爲重要果菜集散中心。
總之，由於三重地理位置與中央政策影響，因而吸引外來人口大
量聚居本區。

註 釋

❶ 溫振華，〈日據時期的都市化—以臺北市爲例〉，《歷史月刊》，第15
　期，民國78年4月，頁135～138。

❷ 林育平，〈三重市都市發展及其居民環境識覺之研究〉，臺灣大學地理
　研究所碩士論文，民國79年7月，頁16。

❸ 陳培桂，《淡水廳志》，卷 4，「賦役志·民丁」，臺灣研究叢刊第 46
　種，頁61。

❹ 史明，《臺灣人四百年史》，上冊，臺北：蓬島文化公司出版，民國79
　年9月，頁336。

❺ 章英華在其文章中分析到，民國40～50年就臺北縣移入人口而言是所謂
　的「外省移民期」，尤其接近臺北都會中心之各市鎮，表現更爲明顯。
　見該氏著，〈臺北縣移入人口與都市發展〉，收錄於蕭新煌等著，《臺北
　縣移入人口之研究》，臺北縣立文化中心出版，民國82年12月，頁54～
　57 。

❻ 江雅美，〈三重市的人口決策及遷移過程之研究〉，師範大學地理研究
　所碩士論文，民國72年7月，頁16～17。

❼ 章英華，前引文，頁55。

❽ 據《臺北縣統計年報》所刊，三重之非本籍人口，民國40年時，外省籍
　佔4,522人，本省他縣市則爲3,603人（見臺北縣政府主計部編印，1951
　年，頁10）；民國45年，外省籍佔15,536人，本省他縣市則爲14,377人
　（1956年，頁18），可見外省籍人口在光復初期一直是本區社會增加人
　口之大宗。

❾ 吳彥，《臺灣省各縣市所轄鄉鎮概況一覽》，臺中：臺灣省政府民政廳
　編印，民國41年10月，頁38、415～416。

⑩ 章英華,〈清末以來臺灣都市體系之變遷〉,收錄於瞿海源、章英華編,
《臺灣社會與文化變遷》,上冊,中央研究院民族學研究所專刊乙種之
十六,民國75年6月,頁262。

⑪ 江雅美,前引書,頁16～19;林育平,前引書,頁11;許柏修,〈三重
市近十年成長之探討〉,臺灣大學地理學系研究報告第九號,民國66年,
頁133。這些研究報告與碩士論文中,均承襲相同觀點,認爲臺北市的發
展已逐漸飽和,因此才向四周鄉鎮擴散,大量人口因而移入三重,造成
工廠林立與市街建築物的迅速發展。

⑫ 蔡采秀、章英華,〈國家與地方都市發展:以板橋爲例〉,臺灣民主化
過程中的國家與社會研討會論文,民國81年3月,頁21～22。另見許阿雪,
〈光復後臺北都市政策之研究〉,臺灣大學土木工程研究所碩士論文,
民國78年7月,頁20～21。

⑬ 龍冠海,〈臺北市郊區四市鎮之人口結構與變遷之研究(二)〉,《社會建
設》季刊,第5號,民國59年4月,頁142。

⑭ 《臺北縣志·軍事志》,民國49年,頁3104。

⑮ 一剛,〈中興大橋碑記〉,《臺北文物》,8卷2期,民國50年9月,頁
3791。

⑯ 李棟明,〈光復後臺灣人口社會增加之探討〉,《臺北文獻》直字第9、
10期合刊,民國58年12月,頁246。

⑰ 曾旭正,〈台北人的形成─台北縣市外來人口的遷移過程與都市經驗〉,
收錄於蕭新煌等著,《臺北縣移入人口之研究》,臺北縣立文化中心出
版,民國82年12月,頁83。

⑱ 江雅美,前引書,頁24。

第二節　　人口密度與分佈

一、人口密度之變化

　　面對移入人口的大量聚集、土地開發先後與臺北市之依存關係，三重在人口密度與分佈上，也產生一定形態的轉變。由於人口密度最能代表一地社會發展情形，因此在探討三重都市發展時，首需衡量者即「人口密度」。所謂人口密度，係指一地人口密集程度如何，這除與該地社會經濟、文化等因素有關外；與地理上之地形、位置等亦有相當關連。就三重人口密度而言，也大致如上：清朝開發初期，由於人口稀少，各就開墾之地聚居，大者或為「村」、「庄」；小者或為「寮」、「厝」，基本上這些仍是較小村落，人口數不多，且多分散，故人口密度甚低❶。就文獻所知，三重一地在清道光、咸豐年間至少有四庄以上，惟因人口過少，也祇得呈點狀分佈❷。迨至日據時期，有詳盡人口調查資料，三重一地人口密度與分佈，方顯清晰。

　　日總督府為求貫徹殖民統治，在臺進行多次人口普查❸，首次戶口調查結果顯示（1905年），三重人口雖逾一萬，但人口密度卻僅為每平方公里638人❹。爾後的幾次國勢調查，三重一地人口密度變化亦甚些微，究其原因，時三重仍為一典型農業聚落，都市發展尚未成形。因此，以村落為主的居住型態仍佔多數，街市的產生與人口聚集於此還在後來，故二十世紀初的三重，人口密度並不太高。

　　就表2-2-1所示，1920年前，當臺北盆地各鄉街人口數逐漸

表2-2-1　1900～1960年臺北盆地都市與鄉街之發展

都市與鄉街名稱	1900年	1920年	1940年	1960年
臺　北　市	69,700	140,000	285,000	760,000
三　重　埔	——	200	4,000	84,000
永　　　和	——	——	——	29,100
板　　　橋	2,730	3,300	5,060	23,200
北　　　投	1,500	3,500	6,900	23,000
士　　　林	3,200	3,350	4,900	15,500
松　　　山	2,950	3,500	6,000	14,300
新　　　莊	5,400	5,400	6,000	10,600
新　　　店	1,000	2,500	4,500	9,200
景　　　美	1,200	3,200	4,100	8,500
南　　　港	600	1,000	1,500	8,500
樹　　　林	500	1,800	2,300	7,500
中　　　和	1,300	1,600	2,000	7,000
蘆　　　洲	1,200	1,800	2,300	4,400
木　　　柵	700	1,000	1,200	3,800
泰　　　山	500	800	1,200	3,600

資料來源：陳正祥，《臺灣地誌》，下冊，民國50年，頁1033。

增多時，三重還是一個小聚落。至1920年時，鄉街人口數也祇不過兩百，相較於其他鄉鎮，可說是最少的。但到1960年時，卻成為各鄉街人口數最多者，就其有限的土地面積（16.317平方公里）而言，人口密度已達每平方公里5,148人，較1905年增加八倍，可謂已達到相當程度的都市化，這亦說明三重已逐漸擺脫農業型態聚落，轉往工業都市走去。

其實在1930年後，三重人口已持續增長，從昭和年間的幾次國勢調查結果中便可知悉，三重人口多有明顯增加趨勢，尤為甚者，即集居街市人口大量增加❺。自此，以散村為主的農耕聚落型態不再，代之而起是工商業與都市化時代來臨。光復後，三重

人口更是快速增加，已完全超越臺北盆地內各鄉鎮。由於三重距離臺北市中心最近，地勢亦平坦，移入人口因而增多。至民國五十五年時，三重人口已超過十七萬，人口密度高達每平方公里一萬多人，至民國六十九年時，人口密度更高達每平方公里兩萬多人，幾為全省密度最高者。

二、人口分佈地帶之漸形擴展

　　一地人口密度數據過高，常會使人有擁擠、居住空間不夠的感覺，但放眼三重，雖然人口密度甚高，就其分佈而言，卻相當不均勻。開墾初期由於土地浮露問題，因此各處村莊散落，多呈點狀分佈。惟因此時鄰近新莊街，為盆地內最繁華地，故三重人口有多往二重埔庄集中者。至十九世紀末，由於對岸臺北三市街（臺北府城、艋舺與大稻程）的熱鬧繁華，三重與臺北間的來往因而更加密切，職是之故，三重人口分佈便多往淡水河岸附近集中，以便與對岸臺北聯絡。又因當時二區聯絡，在陸路方面僅靠「臺北橋」一座，職是之故，從圖中即可看出三重人口即依橋頭而往北、中、南方向呈幅射狀聚集（見圖2-2-1）。

　　光復前，由於三重仍隸新莊、蘆洲管轄，且聯絡新莊的道路為臺灣北部交通要道，因而區內主要道路設置便是為聯絡這兩個地區而設。從臺北往蘆洲（三和路）與新莊（重新路）二地的兩條道路沿線，除構成三重最主要商業區外，更是人口分佈最密集的地帶。民國五〇年代後，市區內又新闢一條重要道路，即聯接

圖2-2-1　戰後三重埔市街分佈圖

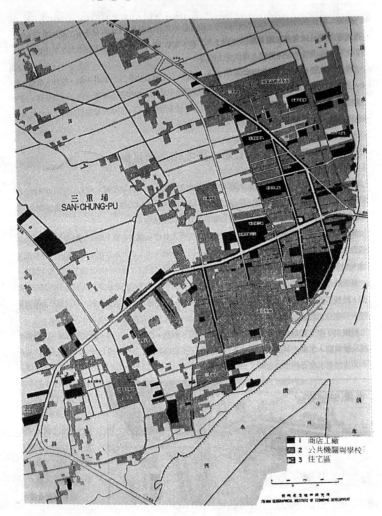

資料來源：陳正祥，《臺灣地誌》，下冊，民國50年，頁1088。

上述兩條主要道路（三和、重新）的「正義北路」。此三條主要道路架構出一略呈Ａ字形的地帶，自此，三重人口分佈便從淡水河沿岸一帶逐漸往此區外圍擴散。

雖然三重人口已漸往外擴散發展，但礙於開發先後與都市規劃所限，各區人口分佈差異頗大，結構亦不完整，從民國六十年三重人口分佈圖中，即可見一般（見圖2-2-2）。至民國七十年時，三重人口分佈型態，亦突顯此一問題。如圖2-2-3所示：此時人口分佈結構雖略呈正方形，但低於每平方公里一千人數的兩個地區，卻破壞三重人口密度分佈的勻稱性。此二區，一爲距蘆洲最近者（Ａ）；另一則與新莊相連（Ｂ）。爲何此二區人口密度爲全區最低者，究其原因乃在於「洪害」：三重與蘆洲，自來即爲洪泛區，每遇颱風季節，洪水暴漲，即構成相當危害。（Ａ）區距蘆洲近者，約爲基隆河支流與淡水河會流處，受洪害的情形，不言自喻，是故此區地價便宜，中、小型工廠多設於此，居住環境的品質不佳，人口密度因而降低❻。（Ｂ）區約爲今二重一帶，受中央政策影響，光復後被劃歸爲工業用地❼。此外，由於淡水河泛濫嚴重，此區又恰爲新店溪與大料崁溪的會流處，受洪害的影響亦大。自規劃成二重疏洪區後，居住人口大減，人口密度相形低落。

綜上所述，三重在1930年前還是個靜態的農業社會，人口增減不大，就所在村落聚集而居。爾後因此地交通便利，近臺北市中心緣故，市街漸從淡水河岸往外圍擴散，移住人口因而增多。1930年後人口開始大量增加，光復後更因政治與經濟關係，促使外省與島內城鄉移民增多，達到人口成長高峰。雖然此一現象造

圖2-2-2　民國60年三重人口密度分佈圖

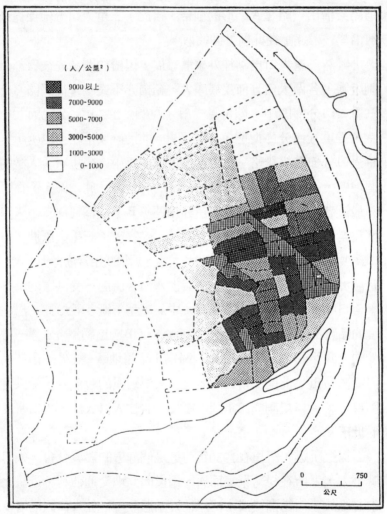

資料來源：江雅美，〈三重市的人口決策及遷移過程之研究〉，

民國72年7月，頁22。

圖2-2-3 民國70年三重人口密度分佈圖

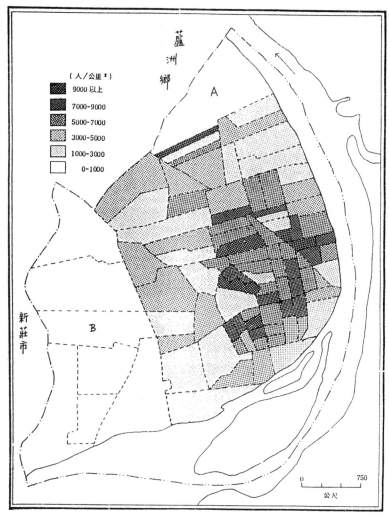

資料來源：同圖2-2-2，頁21。

成本區人口密度高於其他市鎮，但因都市規劃、洪患與工業區位影響，終使得本區人口分佈多顯不同。

註　釋

❶　如接近橋頭的港墘庄、鄰近頭重埔與大料崁溪的中興村與居三重埔南岸的同安厝即屬此種類形。其分佈位置與情形，可參閱臺灣省文獻會編印，《臺灣堡圖集》，民國56年6月，頁15。

❷　據《臺北縣志》所載，十八世紀中葉三重已開發殆盡，因而移墾人口在此聚居，也勢爲必然。就王世慶先生〈十九世紀中葉臺灣北部農村金融之研究〉一文所載（刊於《臺灣文獻》，39卷2期，民國77年6月，頁30），十九世紀中葉之三重已有三重埔庄、達友庄與車路頭等村落，再加上原有之二重埔庄，已達四處。

❸　日據時期日人共對臺進行七次調查，第一、二次稱爲「臨時臺灣戶口調查」，分別在1905與1915年展開，爾後的五次，稱爲「國勢調查」，從1920年開始，每五年進行一次直至1940年。

❹　臨時臺灣戶口調查部編，《明治38年臨時臺灣戶口調查要計表》，明治40年刊行，頁22～23。

❺　三重在昭和五（1930）、七、十年的人口數分別爲11,868、13,810與15,680人，成長率分別爲16.36％、13.54％，已有明顯增加趨勢。所引數據，見《國勢調查結果中間報》，昭和5年及《鷺洲庄要覽》，昭和7年版與昭和10年版。

❻　楊萬全，〈三重計劃機能區的研究〉，《地理教育》，創刊號，民國58年，頁3～4。

❼　民國五〇年代初期政府開發第一波工業用地時，北縣地區計有九個，二重的頂崁即爲其中一個。見章英華，〈臺北縣移入人口與都市發展〉，頁57。

第三節　人口組合

　　所謂「人口組合」係指組成人口各份子之各種特徵，如籍貫、性別、年齡、教育程度及職業等等。由於此種特徵差異，常能影響一地人口集團性質，且與其他人口與社會現象產生密切關係，因此，對人口組合的分析便顯其重要❶。三重由於移入人口影響，在人口組合方面也起了多樣性變化，為窺此一變化，原應詳盡臚列分析各項人口特徵，以闡明三重人口組合特色。惟因資料篇幅所限，且「教育程度」與「職業分佈」兩種組合，以下各節多有論述。故本節僅就上述「籍貫」、「性別」與「年齡別」等三種人口組合，加以分析如下：

一、籍　　貫

　　人口籍貫大致可分為「國籍別」與「出生地別」。清朝移墾初期，鑑於地緣與地理位置關係，來此開闢者多為閩、粵二省人士。據陳漢光研究，三重一地居民祖籍雖有福建泉州、漳州，廣東與他省者的不同，但實際上仍以福建泉、漳二州人士所佔比例最大❷。祖籍的不同，或可表示移墾初期移墾份子的多樣性，但經後期分類械鬥與同宗族聚合力，在十八世紀後，以泉州人士為紐帶關係的聚集，確在三重一地大為展開。

　　日據時期，三重居民籍貫，開始發生些微轉變。早期移墾者因已落地生根，故籍貫仍同，但從日本內地與大陸來臺者，卻使此地居民籍貫稍有變化。據1915年的調查，內地人（指日人）在

此居住者有21人，至1935年則有65人；而從大陸來此居住者則從7人增至117人（見表2-3-1）。雖然此二者人數不多，卻也顯示出此區人口籍別的不同。

表2-3-1　1915、1930、1932與1935年之三重人口數

時間 籍貫 人數 地區		二重埔	三重埔	合 計
大正四年 （1915）	内地 本島 中華民國	11 1,799 —	10 9,673 7	21 11,472 7
昭和五年 （1930）	内地 本島 中華民國	10 1,627 —	33 10,138 60	43 11,765 60
昭和七年 （1932）	内地 本島 中華民國	20 1,709 —	41 11,868 72	61 13,677 72
昭和十年 （1935）	内地 本島 中華民國	16 1,806 13	49 13,692 104	65 15,498 117

資料來源：①《第二次臨時臺灣戶口調查概覽表》，
　　　　　大正4年，頁908～909。
　　　　②《國勢調查結果中間報》，昭和5年，
　　　　　頁1、5。
　　　　③《鷺洲庄要覽》，昭和7年版，頁5。
　　　　　昭和10年版，頁7。

　　光復後，日人多被遣返回國❸，未幾，因大陸戰亂，遷臺的外省移民增多，反取代日本人成爲本區次大族群。臺灣本島方面又因自然、社會人口增加，人民有自由遷徙權，故使三重人口籍貫分佈起了明顯變化。據《臺北縣統計年報》、《臺北縣統計要

覽》所載：三重居民籍貫分佈，在民國六十五年以前仍以本籍居
多，爾後則逐漸下降。而本省外縣市與外省人口，則有增加傾向，其
中外省人口部份，更較日據時期來得高，民國四十五年曾達到高
峰，至民國六十年後才逐漸下降；而外縣市人口則年年增加，六
〇年代前本區移入人口籍貫多爲雲林、彰化、嘉義三縣人士，六
〇年代後，則漸爲北市與北縣他鄉鎮所取代。自此，以他縣市爲
主的非本籍人口反成爲三重居民籍貫大宗（見表2-3-2）。

表2-3-2 三重人口籍貫百分比

年度	本籍人口	非 本 籍 人 口			
		本省他縣市	臺北市	金馬地區	其他省市
40	79.26	19.20	—	—	11.54
45	59.71	19.36	—	—	20.93
50	61.45	21.74	—	—	16.81
55	57.34	26.70	—	—	15.96
60	46.70	34.76	—	—	18.54
65	41.54	40.37	6.92	0.61	10.56
70	37.35	43.88	8.07	0.62	9.69
75	33.83	49.12	7.43	0.60	8.40
80	30.69	52.84	7.60	0.56	7.75

資料來源：據《臺北縣統計年報》、《臺北縣統計要覽》各年度
數據資料統計而得。

二、性 別

性別比率的高低和各種社會現象有極密切關係，諸如人口出生率、死亡率的高低，社會的產業性質，婚姻狀況與各種社會問題等等。此外，移民與戰爭也可能影響人口性別比率的差距❹。一般說來，男女性別比率不應相差太多，否則對婚姻與社會和諧均有負面影響。本省在明、清時期雖爲一移墾社會，但因官府渡臺令的限制與移民的風險，故從大陸渡臺開墾者多爲單身男性。自此，整個社會呈現男多女少情形，男女性別比率差距亦明顯增加。即爲此故，才使得本省早期社會出現爲數衆多的「羅漢腳」❺。其次，因本省早期普遍存有「重男輕女」觀、「生女不舉」的錯誤想法，就人口性別比率而言，或多或少也反應當時男多女少的情形。

就三重而言，實際情況也大致相同。從表2-3-3中可看出：三重歷年人口性比例均是男多於女，事實雖爲如此，但二者所差幅度常在十個百分比之下，就其他市鎮而言，又不算太高，1940年，還曾一度下降到僅差二點五個百分比；民國三十七年更下降到僅差零點六個百分比（見表2-3-4）。此階段恰爲太平洋戰爭結束不久，或爲戰爭緣故，使得男性人口大減，但民國三十八年後男性人口又開始增加，直到民國六十一年後才開始減緩。

其實這個現象，從移入人口的就業分佈上亦可得到一些啓示。早期三、四〇年代從中南部北上謀生者，多以自營作業者爲主，例如水電、建築等行業的包工即是❻。此種危險性高且費力的工作，多不適女性擔任，故來此地就業之工業人口多爲男性，這亦是構

成三重人口性別比率差距稍大之因。民國五〇年代後，三重（甚或北縣）以第二級產業（如製造業、營造業等）為主的機能逐漸增強，六〇年代後又因產業種類的轉型，來三重設廠者多以紡織與電子零件業為主。自此，又吸引眾多女性擔任成衣廠員工與電子零件廠作業員，故此地男女性別比率差距又稍減緩。

圖2-2-4　電子工廠女工組裝電子零件情形

圖片來源：《人間》，第37期，頁135。

圖2-2-5　成衣廠女工工作情形

圖片來源：《美麗三重》，頁42。

表2-3-3　　臺北盆地各處人口性比率之變遷

都市與鄉街名	1920	1930	1940	1950	1960	1970	1980	1990
臺北市	112.1	105.4	101.5	117.3	116.6	116.7	107.4	101.8
三重埔	109.0	105.9	102.5	106.7	106.6	108.7	105.9	104.2
北投	119.1	103.8	105.1	112.3	110.9	111.5	104.1	101.6
士林	112.4	110.4	106.5	111.2	111.8	114.0	103.8	100.5
内湖	110.3	107.1	103.1	109.2	110.0	115.4	108.0	101.9
南港	114.5	106.4	106.8	118.5	117.9	116.9	111.8	104.5
木柵	108.6	109.0	109.3	114.8	116.5	118.0	107.3	—
景美	107.2	106.8	102.3	105.2	118.7	128.1	107.4	105.7
新店	112.2	107.8	108.3	110.0	130.7	110.3	110.5	106.4
中和	107.8	107.4	103.4	104.0	117.9	111.4	105.2	104.5
板橋	102.5	101.1	98.3	102.9	106.8	113.0	106.0	103.8
土城	107.2	106.3	103.3	102.1	112.6	114.0	113.6	107.4
樹林	108.7	106.3	104.8	104.8	105.3	111.4	107.2	105.9
新莊	106.5	102.3	104.0	106.0	110.1	104.0	106.0	102.9
泰山	107.3	102.0	100.6	104.0	103.6	107.7	107.1	105.5
五股	117.1	113.4	111.2	108.9	107.9	111.2	111:5	109.3
蘆洲	106.3	103.5	108.5	109.4	110.8	110.1	108.9	104.9
合計	110.7	107.0	102.8	113.7	115.0	111.5	107.3	105.1
全省平均	107.5	105.1	102.4	104.1	104.9	110.7	109.5	107.9

資料來源：①陳正祥，《臺灣地誌》，下冊，民國50年，頁1041。
　　　　　②《臺灣省統計要覽》，第30、40期。
　　　　　③《臺灣省統計年報》，第50期。
　　　　　④《臺北市統計要覽》，第25、35期。
　　　　　⑤《臺北縣統計要覽》，第20、30、40期。

表2-3-4　三重等四市鎮人口性比率之變遷（民國37～70年）

年	三　重	永　和	新　店	淡　水	年	三　重	永　和	新　店	淡　水
37	100.61	101.60	106.40	103.01	54	107.42	114.58	129.08	103.24
38	109.19	102.86	107.63	106.03	55	107.06	115.20	127.95	104.75
39	106.74	105.70	109.99	104.13	56	106.77	112.68	127.42	104.30
40	108.29	108.12	110.94	103.80	57	107.19	113.28	126.56	104.40
41	108.82	115.95	110.45	107.82	58	108.9	113.80	129.50	107.0
42	108.01	116.27	129.04	107.84	59	108.7	113.5	128.1	108.5
43	109.38	119.97	138.22	109.58	60	108.7	111.4	121.7	107.8
44	109.95	125.68	141.79	107.87	61	107.7	109.1	120.9	108.5
45	108.25	127.14	124.10	104.72	62	107.4	108.6	119.4	108.9
46	106.68	124.56	123.33	103.54	63	107.5	108.5	117.1	108.3
47	106.64	123.25	124.90	105.07	64	107.0	107.2	115.6	109.2
48	106.50	122.29	124.15	104.29	65	106.4	107.0	114.6	99.9
49	106.62	120.07	130.75	104.01	66	106.5	105.3	113.3	108.8
50	107.68	119.81	138.35	104.76	67	106.1	103.9	112.0	108.5
51	108.08	116.94	137.30	105.29	68	106.1	103.7	111.2	106.1
52	107.93	115.94	135.78	104.75	69	105.9	103.3	110.5	108.8
53	107.85	114.57	134.34	103.62	70	105.9	103.3	110.4	108.6

資料來源：①龍冠海，民國59年，頁129。
　　　　　②《臺北縣統計要覽》，第18～31期，民國58～70年。

三、年齡別

　　人口年齡結構，最能顯示該地區人口發展的趨勢與現代化程度。據「人口學」的理論，一地人口年齡組合情形，常可藉由「人口金字塔」類型而顯現，故在探討三重人口年齡結構時，即以此為標的。關於人口金字塔類型，據人口學者宋巴格（G. Sundbarg）在1900年的分類為：㈠增進型。㈡穩定型。㈢退減型。其各組人口年齡分配百分比則如下：❼

年齡組合	增進型人口	穩定型人口	退減型人口
14歲以下	40％	26.5％	20％
15-49 歲	50％	50.5％	50％
50歲以上	10％	23.5％	30％
總　　計	100％	100.0％	100％

　　在此三種型態中，以「穩定型」的人口金字塔結構最爲理想。由於此種人口年齡結構，能從事生產勞動的青、壯年人口最多，故不虞有社會生產力不足之憾；而幼年人口居中，則有防止人口及早老化功效，且因有眾多成年人口撫育，可使幼年人口受到良好教養與照顧。此外，此一結構也說明人口平均壽命相當高，代表營養充足、醫療設施完善，可算是理想型態，許多在1930年代的西方國家人口年齡結構即屬此型❸。

　　三重人口年齡結構，早期並無資料可尋，至日據時期始陸續出現。從日據時期至民國六十五年，三重人口年齡別分佈，大致仍爲「增進型」的金字塔結構，幼年人口佔有相當高比例，直至民國六十五年後，才轉爲「穩定型」的人口年齡結構（見圖2-3-1～2-3-4）。此一現象反映的是：三重從初期開發地區所突顯的高出生率與高死亡率，經有效控制死亡率以後，進入開發中地區的人口年齡分佈型態。雖然三重正值快速增長期，但受傳統農業社會多子多孫的影響，十五歲以下的幼年人口仍佔有相當高的比例，此亦可視爲是產業結構轉型前的過渡階段❾。至民國六十五年時，隨著工、商業發展，人口年齡別的型態則有明顯改變：幼年人口比例逐漸減少，勞動人口則反而增多，整個地區的社會、

圖2-3-1　大正4年三重人口金字塔圖

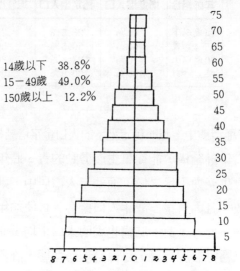

14歲以下　38.8%
15－49歲　49.0%
150歲以上　12.2%

圖2-3-2　民國40年三重人口金字塔圖

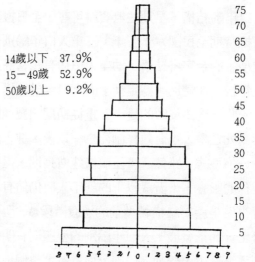

14歲以下　37.9%
15－49歲　52.9%
50歲以上　9.2%

圖2-3-3　民國65年三重人口金字塔圖

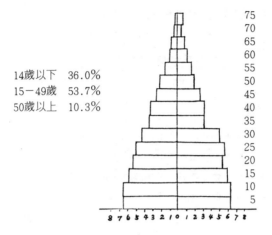

14歲以下　36.0%
15－49歲　53.7%
50歲以上　10.3%

圖2-3-4　民國80年三重人口金字塔圖

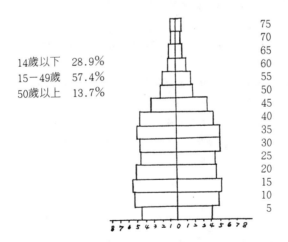

14歲以下　28.9%
15－49歲　57.4%
50歲以上　13.7%

資料來源：據《第二次臨時臺灣戶口調查概覽表》、《臺北縣統計要覽》
、《臺北縣統計年報》各項數據資料繪製而成。

經濟生產力大爲提高，人口結構也大致呈現「穩定型」，但因社會轉型衝擊與價值觀念轉變，晚婚、不婚的情形嚴重，生育率因而呈現負成長。雖然勞動人口比例有增加趨勢，但幼年人口逐年遞減，終使三重有人口老化的隱憂存在。

註　釋

❶ 龍冠海，〈臺北市郊區四市鎮之人口結構與變遷之研究㈢〉，《社會建設》季刊，第6號，民國59年7月，頁128。

❷ 據陳漢光等人之實地調查研究，三重居民之祖先從康熙直至同治年間入臺者，屬泉州者共有391戶；屬漳州者則有60戶，由此可知，此地居民之祖籍應以泉州人士爲多，而其中又以陳、林二氏爲多。見〈臺北縣氏族略〉，《臺北縣文獻叢輯》，第2輯，臺北：成文出版社，民國45年4月，頁141～352。

❸ 據曾旭正的說法，戰後初期約有十萬餘日人陸續被遣返回國，見該氏著，前引文，頁81。

❹ 蔡宏進、廖正宏合著，《人口學》，臺北：巨流圖書公司，民國76年8月，頁247～257。

❺ 羅漢腳在清初的臺灣，原指取不到老婆的單身漢，由於渡臺令的限制，使得許多渡臺移民終身無機會取妻，或妻室在内地，自己長期單身在臺，故臺灣社會從開闢以來，羅漢腳特別多。見謝國興，《官逼民反─清代臺灣三大民變》，臺北：自立報系文化出版部，民國82年3月，頁7～9。

❻ 蔡采秀，〈一個漢人社區的移入人口的社區生活─以板橋爲例〉，收錄於蕭新煌等著，《臺北縣移入人口之研究》，臺北縣立文化中心出版，民國82年12月，頁123。

❼ 轉引自文崇一等著，《西河的社會變遷》，中央研究院民族學研究所專刊第六號，民國64年6月，頁22。

❽ 蔡宏進、廖正宏，前引書，頁243～246。

❾ 林育平，前引書，頁29。

第四節　人口遷移

一、人口移動要素與理論

　　人口移動是社會變遷原動力之一，也是社會變遷產物。關於人口移動原因，其實相當複雜，有經濟與技術原因（如生產技術改變）；有社會原因（如社會進步、政策改變、交通發展）；有個人原因（如為滿足慾望）；有自然原因（如氣候改變、災害）；還有其他諸如新資源發現或現有資源枯竭及政治、宗教等因素❶。

　　清領時期，由於大陸閩、粵二省自然環境的限制，刺激大批年輕、富理想、具冒險性的移民向北臺拓墾，這些開路先鋒們，雖有籍貫的不同，但同為擺脫環境壓力與期望改善生活之因而渡臺。總之，此種因牽涉個人自由意志與社會因素而渡臺的閩、粵人士❷，同為此地人口遷移唱出序曲。日據時期，由於實施嚴密保甲制度，對人民遷徙構成相當阻礙，故此時期的人口移動變化不甚明顯。迨光復後，由於「政治」與「經濟」的雙重因素，促使本區由一個以本籍人口為多數的城市逐漸演變成一個以外來移民佔多數的城市。促成這兩種移民遷移的原因均是結構性的歷史因素，一是戰後初期國共政治結構的變動；另一則是六〇年代起臺灣因著世界資本體系和地緣政治關係演變，逐步發展為國際加工基所帶來「工業化」的影響❸。

　　民國三十七年起，受大陸政局影響，遷臺的外省人口明顯增多。翌年，因國府撤退，更使外省人口在臺的增長達到高峰。相較清領時期因自然環境限制而渡臺的移墾人士而言，此批因政治

因素而被迫遷臺者，著實有不可同日而語之歎。這一波的外省移民浪潮原多集於首府臺北，但因中央「防空疏散政策」牽引，反倒助長外省人口往臺北周邊市鎮遷移。即爲此故，造成三重等地的外省人口激增，但因三重的地緣意識較強（即以本省中南部人口遷入此地的主軸增強），民國四十五年後，本省人口即已超越外省人口增長，但就臺北市其他周邊市鎮而言，卻一直持續到民國六十年後才由本省他縣市人口所取代。

而自民國五〇年代以後，由於社會進步與工商業發展所需，使得大批中南部與東部人口往北部移動，臺北盆地周圍市鎮人口因而激增，展開所謂的「島內城鄉移民」❹。另由於經濟結構中的進出口替代與工業化影響，以製造業爲主的臺北縣地區，便成爲外來人口就業的重要據點。尤其臺北盆地以西，即從三重經新莊以迄桃園等地，更是臺北地區製造業發展的軸線地帶，三重人口增長受此影響，所以從民國四十五年直至民國六十年間，一直吸引著外縣市人口大量移入，另由於鄰近都會中心緣故，使得本區最早成爲北縣境內的移民城市。

二、移入、移出者原因與目的之分析

綜上所述，就光復後三重的人口遷移而論，本區實爲一外來移民居多的城市。首先是光復後持續至民國四十五年，因政治關係而展開的「外省移民」。接著是從民國四十五至六十年止，因工業化開展而帶動的「島內城鄉移民」。第一波的外省移民雖緣自大陸各省，但據李棟明的研究，定居此地者多爲沿海省份人士，其中又以福建、浙江、江蘇、廣東四省爲主❺。第二波的島內城鄉

移民，來源雖分佈臺灣各縣，但據戶口普查結果顯示：中南部人口仍是移入本區最主要來源，其中尤以雲林、彰化、嘉義三縣，分佔此區移入人口總數之一、二、三位❻。三重居民多為中南部人口之說即成形於此，更由於此，當在野黨勢力在大臺北境內逐漸集結時，三重首當其衝成為民主進步黨的最大陣營。

　　此時期的「島內城鄉移民」遷移，據人口學中所謂「推拉理論」的解釋：由於個人期望增高，如尋找工作機會、謀求較好生活環境等等，在擴張中都市正好提供此項機會，故吸引著外來人

表2-4-1　　三重遷移人口之原居地

遷					入
年	共　　計	本省他縣市	本縣他鄉鎮	外　省	外國	其他
45	13,139	12,622	－	74	87	356
50	15,441	14,719	－	5	50	667
55	27,204	25,415	－	21	57	1711
60	32,731	14,551	5,234	12,217	48	681

遷					出
年	共　　計	本省他縣市	本縣他鄉鎮	外　省	外國	其他
45	8,240	7,303	－	18	15	905
50	12,858	12,253	－	30	92	483
55	16,519	15,633	－	11	63	812
60	24,067	7,659	4,270	11,647	43	448

資料來源：①《臺北縣統計年報》，第 6 期，民國45年，頁24。
　　　　　②《臺北縣統計要覽》，第11期，民國50年，頁36～37。
　　　　　　第16期，民國55年，頁38～39。
　　　　　　第21期，民國60年，頁28～29。

口徙入，或爲工業之勞工；或爲商業、服務業之員工，優異的工作環境與物廉價美的都市化生活享受，吸引成千上萬的人放棄鄉下田間工作而奔往都市，人口流動性因而大增。就三重而言，造成其人口遷入的最大動力即在於工作機會優於其原居地，故吸引著大量外來人口移入。三重地區雖正逐步發展且位置優越，吸引眾多中南部人口來此就學或就業，惟這些人的戶籍並不在此，故每遇年節，總有大批人口返鄉過節，三重部份地區則顯得相當冷清。

民國六十年後，由於產業結構型態的轉變，本區除以製造業爲主外，第三級產業（如商業、服務業、金融保險等）也陸續展開且持續成長，而中南部人口遷移情形亦告疏緩，故此後的人口遷移轉向第三階段所謂以「都會區內部的遷移」爲主。據江雅美對此地十年間之遷移人口作一抽樣調查，結果發現：無論遷入或遷出者，其原居地與目的地，均以鄰近三重之臺北市、縣爲最高（見表2-4-2）。另據陳東升的研究，他從民國六十九、七十九年兩次人口普查檔中得出，移入三重的人口來源，幾多爲北縣鄰近區及臺北市，至於中南部移入人口則相對減少（見表2-4-3）。

由上可知，民國五○年代後移入北部之中南部人口，由於就業機會的選擇，且鄰近都會中心緣故，多選擇此區爲其落腳處。迨至六○年代後，由於萌生良好居住環境的想法，故多選擇北縣或北市爲其居所。但就三重而言：由於其內部問題，如居住環境品質的下降（如爲洪泛區、中小型工廠林立等）、居民的文化水平較低等，再加上形象太差（如髒亂、黑社會勢力等），終使得本區人口產生就近尋找較佳住所的想法。

表2-4-2　　民國60～70年三重遷移者之原居地（或目的地）的縣市分佈

原居地或目的地	遷入		遷出		原居地或目的地	遷入		遷出	
	實數	%	實數	%		實數	%	實數	%
臺北市	244	39.4	132	36.5	雲林縣	8	1.3	9	2.5
臺北縣	161	26.9	107	29.6	嘉義縣	24	3.9	9	2.5
基隆市	10	1.6	5	1.4	臺南市	7	1.1	1	0.3
宜蘭縣	10	2.2	5	1.4	臺南縣	22	3.5	5	1.4
桃園縣	32	2.9	33	9.1	高雄市	24	3.9	8	2.2
新竹縣	5	1.0	6	1.7	高雄縣	9	1.5	4	1.1
苗栗縣	0	0.0	1	0.3	屏東縣	14	2.3	2	0.6
臺中市	6	1.0	3	0.8	花蓮縣	2	0.3	4	1.1
臺中縣	14	2.3	9	2.5	臺東縣	3	0.5	1	0.3
彰化縣	13	2.1	11	3.0	澎湖縣	1	0.2	1	0.3
南投縣	10	1.6	3	0.8	金門縣	1	0.2	3	0.8

資料來源：江雅美，〈三重市的人口決策及遷移過程之研究〉，民國72年7月，頁33。

表2-4-3　　　民國69、79年遷居三重人口之來源地

縣市別	民國 69 年		民國 79 年		縣市別	民國 69 年		民國 79 年	
	實數	%	實數	%		實數	%	實數	%
臺北市	20,793	6.84	10,313	36.8	屏東縣	1,227	0.40	639	2.28
宜蘭縣	1,955	0.64	937	3.34	臺東縣	1,050	0.35	439	1.57
桃園縣	2,547	0.84	1,246	4.45	花蓮縣	836	0.27	556	1.98
新竹縣	1,231	0.40	361	1.29	澎湖縣	128	0.04	84	0.30
苗栗縣	1,504	0.49	589	2.10	基隆市	1,082	0.36	607	2.17
臺中縣	1,953	0.64	814	2.90	臺中市	673	0.22	176	0.63
彰化縣	5,878	1.93	1,938	6.92	臺南市	522	0.17	329	1.17
南投縣	1,578	0.52	558	1.99	高雄市	1,124	0.37	228	0.81
雲林縣	9,557	3.14	3,695	13.2	金門縣	590	0.19	291	1.04
嘉義縣	5,112	1.68	1,656	5.91	連江縣	45	0.01	534	1.91
臺南縣	2,211	0.73	893	3.19	他省市	205	0.07	81	0.29
高雄縣	1,118	0.37	672	2.40	國　外	147	0.05	390	1.39

資料來源：陳東升，〈北縣人口遷移之特徵與趨勢〉，民國82年12月，頁42～43、46～47。

註 釋

❶ 廖正宏，〈臺灣城鄉人口移動之原因其其影響〉，《中國論壇》，6卷5期，民國67年6月，頁6。

❷ 人口學者彼德生（William Petersen）以遷移的因果關係，分類出五種遷移類型，分別爲原始的、強制的、被迫的、自由的與大眾的遷移等五種。 見 <u>Population</u>, Second Edition, MacMillan Publishing Co., Inc, New York;Collier MacMillan Publishers, London,1969, pp. 256-265。轉引自蔡宏進、廖正宏合著，前引書，頁207 ～ 210。

❸ 曾旭正，前引文，頁87。

❹ 「島內城鄉移民」一詞，首見於章英華研究臺北縣移入人口方面之論述，見該氏著，〈臺北縣移入人口與都市發展〉，頁54～57。

❺ 李棟明，〈居臺外省籍人口之組成與分佈〉，《臺北文獻》直字第11、12期合刊，民國59年6月，頁62～86。

❻ 臺灣省戶口普查處編印，《中華民國五十五年臺閩地區及住宅普查報告書》，第二卷，臺灣省，第一冊，頁537。

第三章　產業結構的變遷

　　產業結構的變遷，最能顯示該市鎮機能與該地人民經濟生活方式，從三重的例子中，我們不難看出在時間縱走下與都市化、工業化後，三重地區所呈現出的產業轉換型態。如從「傳統社會」中看出早期農業耕作、經營型態與傳統手工業發跡；從經濟「發軔期」中看出輕重工業發展、工業區規劃與工業人口增長；直至「高度消費時期」看出以工商服務業並進的趨勢❶，從此皆可得知產業結構變遷對此地發展之影響。

第一節　農業生產

一、耕種作物的轉換

　　如前章節所述，早期臺北盆地內皆屬移墾社會，三重自不例外，因而原始所產生聚落或散村型態，皆以農耕為主。但因來臺開墾漢人，基本著眼在經濟利益考量，且具有相當濃厚商業和市場意識，故常籌募資金以從事土地開發；且為取得固定水源，不惜投入大筆資金，興築陂、塘、堤、圳等水利設施，凡此種種，最後目的即是要獲得最高利益報酬❷，因此在種植作物的選擇上，即以「高經濟作物」作為優先考慮對象。在北臺部份，如在平原地區種植稻米和甘蔗；丘陵部份則多經營茶和樟腦，其中的稻米

雖為糧食作物,但在清朝中葉以前,卻一直被當作商品販售,故當時移民開墾土地,興築陂圳,主要目的即在於增加稻米產量以銷售圖利❸。

由於三重為一晚近開發區,且全境皆為平原地形,再加上氣候條件之限,故在全臺極力種植高經濟作物之時,此區也祇能栽種稻米,旁及於一些蔬菜而已。但此種情形,在二十世紀初卻發生一些轉變,原本以水稻為主的耕作,考量到土質不適與供應對岸大稻埕製茶業所需原料緣故,使得本區農作物,除米糧生產外,蔬菜、香花與密柑的生產與栽培,也蔚然成風。

在作物的栽培與生產方面,稻米仍是生產大宗,雖然在日昭和以前,曾一度因總督府市場經濟政策導向,將此區部份水田改種甘蔗作物。但因一次大戰後,日本工業化的結果,工業人口劇增,糧食短缺,因而稻米(尤以蓬萊米種)在1920年代中期後,仍為日殖民統治末期北臺水田內最重要的栽種物❹。受此影響,本區在昭和年間仍有幾近四萬石的產量❺,此一數量,就當時臺灣北部地區而言,仍屬可觀,更遑論此區人口增多,建築物將漸侵農地的事實。除稻米生產外,由於此區鄰淡水河岸,土質多沙,或灌溉不便,因而旱田也佔相當比例。這些旱田除可栽種稻米以外食糧作物(如甘薯、大豆、花生等),也積極闢為蔬果區,以供應本區與其他鄰近臺北地區蔬果消費需求。

在蔬菜栽培方面,由於本區位近臺北,且在日據末期仍為一農業聚落,為提供北市蔬菜消費所需,蔬菜的栽種相當盛行。與隔鄰蘆洲、板橋浮洲等地,同被列名為北臺三大蔬菜供應區。據《臺北州の農業》一書統計,昭和十四年(1939)三重(含蘆洲)

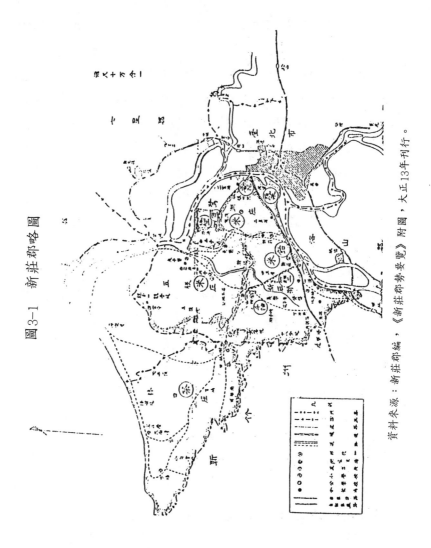

圖3-1 新莊郡略圖

資料來源：新莊郡編，《新莊郡勢要覽》附圖，大正13年刊行。

洲）蔬菜栽種面積有605.6甲，雖僅次於板橋，但收穫量卻高於
臺北州內各街庄蔬菜收穫量，甚至還超出許多郡之總收成量❻。
由於蔬菜栽種容易，除可自食外，亦可販售，三重各地乃普遍設
立菜園，即使窮苦之家，祇要家旁有一空地，即可栽種。《臺北
縣新聞史料彙抄》內有這麼一段記載：一位家住二重埔名叫吳菜
的孝女，因家徒四壁，三餐不繼，故就其所居空地闢菜園，生產
野菜，每日清晨從三重挑往臺北販售。又恐己園生產不足，另至
稻江市場買取補充，回程則換取粗糠與飼料，以飼養家中牲畜❼。
由此可知，本區蔬菜種植已相當活絡。其次，從吳菜至臺北稻江
市場補充菜蔬的情形看來，亦反映當時臺北與三重相互間的市集
交易。

　　除往臺北銷售外，淡水亦是另一據點，據同書所載：昭和二
年二月十八，有鷺洲庄民葉豚土與其子，以帆船載菜赴淡水街販
賣，由此可知，三重與淡水間亦有相當商業聯絡❽。此外，以帆
船運菜銷售，亦反映其時淡水河下游航運功能仍在，帆船仍可暢
通。

　　日據末期，由於日本所佔滿洲地區，冬季無法生產蔬菜青果，因
而總督府乃決定由臺北州供給，每年皆在二、三百萬斤之間❾。
自此，本區蔬果之生產、運銷更加活絡，亦由於市場之需求大增，本
區蔬菜栽種乃採「集約耕作」，全年栽培3～6次不等，幾無休閒
可言。栽培種類繁多，加以試驗改良品種，農業經營，成效非凡。職
是之故，臺北州內務部乃決定於昭和八年（1933）在菜寮一地設「三
重埔菜寮蔬菜園」，以供州下各街庄農民之參考與觀摩❿。民國
三十八年，縣府將此菜園更加擴大，且更名為「三重埔農場」，

從事大規模墾耕種植事宜⓫。

　　光復後，由於田土被闢爲建地，水田大量減少，水稻栽種多不復見。不過，由於臺北市對蔬菜需求增多，本區栽培仍多，蔬菜種植面積常超過總作物面積 30％以上⓬。六〇年代後，因人口增多，廣建住宅致漸侵農地，蔬菜種植因而減少，不過園藝作物仍是本區栽培大宗，至民國七十年時仍有660公頃之菜園，年產千萬斤蔬菜，供北市消費所需⓭。

　　香花方面：由於臺灣特產的包種茶，需有香料配合，故在製茶業興盛同時，香花栽種亦在各地展開。據《鷺洲庄要覽》所記，香花苗種乃十九世紀末潮洲人「林達」所攜來臺，而三重埔一地則是最早栽種處⓮。由於香花性喜溫暖潮濕，且以沙質壤土爲宜，故就北臺而言，淡水河沿岸乃最佳栽培處⓯；又因當時精製茶廠多集於大稻埕一帶，茶廠對香花原料的需求孔急，故一水之隔的三重，得以得地利之便，遍種香花，淡水河沿岸香氣遍佈⓰。從清同治年間以降，本區的旱田即迅速被闢爲花圃，以增加生產。後因三重移入人口增多，耕地多被闢爲建地，加上對岸大稻埕包種茶的滯銷，本區香花的栽種才日撕消失。

　　在香花品種的選擇上，以「四英花」最受青睞⓱，三重曾有一夜採收四、五千公斤的記錄⓲。日據時期，由於東北、蒙古與南洋諸國等地對包種茶之需求激增，故花戶與茶商均獲利不少⓳。雖爲如此，花戶與茶商間的糾紛，仍時有所聞。據載：昭和四年（1929），原本銷往南洋爪哇、暹羅、安南等國之包種茶，或因供給過剩；或因經濟不振；或因關稅過高等問題，使得包種茶滯銷。大稻埕茶商乃大爲降低三重料花的收購價格，此一舉動引起

圖3-2　大稻埕茶莊選茶工作情形(一)

圖片來源：黃天縉主編，《臺灣三百年》，臺北：戶外生活圖書公司，
　　　　　民國75年5月，頁217。

圖3-3　大稻埕茶莊選茶工作情形(二)

圖片來源：《攝影臺灣》，頁54。

三重花農極大反彈，餘波影響甚久❷。雖為如此，香花作物的栽培，很明顯地構築台北、三重二地間商業網路連結。民國四十七年後，包種茶之銷路停滯，連帶的香花栽培也逐漸衰退。不過，三重仍為香花最大產地之一，時臺北盆地內香花栽培面積有101公頃，三重一地即佔38公頃之多，由此可見一般❷。

　　在密柑方面：臺北州境內所生產密柑（桶柑），由於耐藏耐運，風味獨特，且成熟期較椪柑為遲，可接應椪柑收穫末期之需要，故深受喜愛❷。本區（含蘆洲鄉）即臺北州下椪柑生產要地，昭和年間除供應日本內地及滿洲部份之大連、天津、奉天等地所需外❷，亦曾遠輸至歐洲倫敦、巴黎等地❷，可見當時椪柑產業之興盛。據《臺北州農業要覽》統計：昭和十一年（1936），本區（含蘆洲鄉）栽培面積有80多公頃，共種78,924株，產量為1,711,500斤，總價值為73,595日圓❷，1940年更增至109公頃。後因太平洋戰爭影響，柑桔園一度荒廢，光復後又因政府「糧食增產政策」所致，桶柑園漸被荒蕪，自行枯死者亦不少。後多將原栽種桶柑之旱田闢為菜園，產量因而大減，至民國五十年，僅剩5公頃左右，民國四○年代後，漸被北投、士林山區的新興果園所取代❷。

　　除上述蔬菜、香花與密柑栽種外，就三重有限之旱田而言，雜糧作物如甘薯及落花生的栽培，亦相當可觀。由於此二者經濟價值較低，栽種者原不多，後因受戰時「糧食增產政策」影響，甘薯栽種者因而增多，後隨同「甘蔗」與「米」躍為臺灣三大主要農作物❷。就民國四十二年臺灣省農林廳的調查，本區之甘薯栽種面積達210公頃，而落花生栽種面積則為54.6公頃❷。

表3-1-1　三重農作物栽種面積與年產量變化表

年	作 物 名 稱					
	蔬　菜		香　花		密　柑	
度	栽種面積（公頃）	年產量（公斤）	栽種面積（公頃）	年產量（公斤）	栽種面積（公頃）	年產量（公斤）
30	605.6	1499萬	74　　甲	31萬圓	109	225萬
40	770.79	438	56　公頃	16968	0	0
50	754	902	33	41680	5	4
60	251.59	395	6.9	12420	0	0
70	660.10	1143	15.6	17160	0	0
80	0	0	1.2	1320	0	0

資料來源：①《臺北州の農業》，1941年，頁75、83、101。
　　　　　②《臺灣地誌》，民國50年，頁1063。
　　　　　③《臺北縣統計年報》，第 1期，民國40年，頁46～49。
　　　　　④《臺北縣統計要覽》，第11期，民國50年，頁85～101。
　　　　　　　　　　　　　　　　第21期，民國60年，頁73～93。
　　　　　　　　　　　　　　　　第31期，民國70年，頁85～89。
　　　　　　　　　　　　　　　　第41期，民國80年，頁89。

　　面對各種作物之密集耕作，土壤養份流失勢爲必然。爲補充
地力消耗，肥料的供給與施用，便成一大課題。由於化學肥料價
高且對土質有損，因此一般農民大都偏好水肥。鄰近的臺北市由
於擁有眾多人口，大量水肥正可幫助三重等地蔬菜生產，而三重
等地所生產之蔬菜又運回供應臺北市民消費，形成一微妙循環㉙。
從臺北市運來的水肥，日據時期多用船及牛車輸送，光復後，則
多用卡車輸送。三重埔一地除使用臺北市所運來水肥外，由於人
口漸多，所製造水肥亦多，除一部份供己身菜園所需外，亦可供
應鄰近蘆洲地區蔬菜之生產，加上臺北市運往蘆洲之水肥，使得

本區水肥池甚多，形成一特殊景觀❸。

圖3-4 三重、蘆州、臺北三地蔬菜、水肥之供銷關係

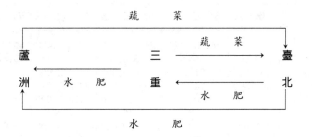

由於肥料所需甚多，日據時期，常由州下農會加以供給與補助❸，且常召開會議以宣揚肥料之施用與注意事項❸。太平洋戰爭期間，由於臺北州所供給之肥料短缺，為謀改善農家經營及響應「糧食增產政策」，各街庄農戶開始設立「自給肥料」，以補不足❸。光復後，農作物生產即多依賴自給肥料，如下表所示：民國五十年時，臺北縣下各鄉鎮年施用量均相當驚人，三重一地即有4,321萬公斤之施用量，至於自給肥料不足者，即需向他處購買，這就是蘆洲等地為何需向臺北購買水肥之因。

表3-1-2　　三重等五鄉鎮自給肥料施用量（民國50年）

單位：公斤

	三　重　鎮	蘆　洲　鄉	板　橋　鎮	淡　水　鎮	新　莊　鎮
總　　計	43,210,330	4,225,000	24,480,000	92,066,400	40,919,500
綠　　肥	1,900,000	1,050,000	2,520,000	—	13,475,000
堆　　肥	5,095,000	870,000	1,035,000	52,862,000	4,850,000
人糞尿	28,000,000	740,000	9,910,000	23,658,000	13,480,000
牛豚尿	7,133,000	505,000	9,220,000	11,817,000	4,650,000
草木灰	50,950	33,000	10,000	463,400	2,840,000
稻　　草	1,011,000	900,000	1,280,000	1,183,000	3,980,000
燒　　土	20,380	60,000	470,000	2,083,000	66,000
穀　　殼	—	7,000	35,000	—	98,000
其　　他	—	60,000	—	—	36,500

資料來源：《臺北縣統計要覽》，第10期，民國50年，頁106～107。

　　綜上而言，三重一地在「農業化時代」耕種作物的轉換，大致是從清領時期的稻米、蔬菜爲主經日據時期蔬菜、香花、密柑與綠肥的栽種以至光復後以蔬菜爲生產大宗的情形。伴隨著土質不適、政府政策與消費供需等問題，雖使三重在農作物的選擇上多有不同，卻顯明此區在工業化前的農業經營型態。此外，從蔬菜栽培、肥料生產之供需關係上，亦可闡明北市、三重二地間之商業網路聯結與依存關係。

二、農業人口與耕地面積的縮減

　　由於移墾社會關係，臺灣早期在農業方面的經營相當顯著，因而農業人口與耕地面積，均佔有相當比重。三重既由農業聚落

發跡，正也說明此區在「農業化時期」必有相當數量之農業人口
與農業用地，惟因日後人口激增與工商業發達，才使傳統農業式
微。據大正四年（1915）的戶口調查，當年三重總人口數為11,
500人，其中就有8,504人從事農業耕種，共佔當地總人口數74%
❸，另據《鷺洲庄要覽》統計，昭和六～十年（1931～1935）三
重（含蘆洲）耕地面積有1,800多甲，而農業人口在三重地區也
佔半數以上（見表3-1-3）。由此可知，三重在本世紀初葉仍具
有相當強烈的農業機能傾向。

表3-1-3　　鷺州庄耕地面積與農業人口數（昭和6、7、10年）

		昭和6年	昭和7年	昭和10年
耕地 面積	旱　田（甲）	630.92	638.45	610.33
	水　田	1,246.08	1,242.31	1,245.90
	合　計	1,877.00	1,880.76	1,855.42
農業 人口	自耕農（人）	5,251	5,263	5,591
	自耕農、佃農	5,270	5,282	6,007
	佃　農	2,892	2,908	3,336
	合　計	13,414	13,453	14,934
當年總人口數		23,153	23,940	25,614

資料來源：《鷺州庄要覽》，昭和 6年版，頁14。
　　　　　　　　　　昭和 7年版，頁21。
　　　　　　　　　　昭和10年版，頁37～38。

　　光復後至民國四十七年，三重地區在農業經營型態方面並無
多大改變。耕地面積在近三十年間（1930～1958），僅短少62公
頃，較北縣、市其他鄉鎮而言，並不算多（見表3-1-4）。但因

人口不斷激增，住宅與公共設施要求恐需，使得本區大片耕地被闢為建地，無形中，耕地面積乃大為縮減。

表3-1-4　1930年與1958年耕地面積與耕地指數比較表

市鎮鄉別	耕 地 面 積（公頃）		耕 地 指 數	
	1930 年	1958 年	1930 年	1958 年
臺 北 市	3,718	1,773	56 %	38 %
三 重 鎮	1,206	1,144	74	70
北 投 鎮	2,092	1,950	38	36
士 林 鎮	2,517	2,362	39	37
內 湖 鄉	—	928	—	29
南 港 鎮	2,085	649	39	29
木 柵 鄉	1,207	1,021	47	40
景 美 鎮	318	223	48	34
新 店 鎮	3,557	3,169	30	26
中 和 鄉	1,606	1,278	63	50
板 橋 鎮	1,439	1,249	61	53
土 城 鄉	1,514	1,356	51	46
樹 林 鎮	1,804	1,885	54	57
新 莊 鎮	1,405	1,448	71	73
泰 山 鄉	656	681	34	35
五 股 鄉	1,385	1,783	40	51
蘆 洲 鄉	575	625	77	84
合　　計	27,084	23,524	45	39

資料來源：陳正祥，《臺灣地誌》，下冊，民國50年，頁1062。

事實上，從民國四十五年起，三重的耕地面積即呈現縮減狀態，民國五十～六十五年間，更是大幅度遞減的高峰期，至民國七十五年止，耕地面積祇剩163公頃（見表3-1-5），較民國四十年，短少一千多公頃。耕地面積的消失，正也代表著農業人口的減少，民國四十年，本區農業人口還有一萬多人，但到民國八十

表3-1-5　　三重耕地面積變化表

（單位：公頃）

年　　度	耕地面積	減少面積	指　　數
40	1308.25	——	100.0
45	1162.07	- 146.18	88.8
50	1019.87	- 142.20	78.0
55	735.70	- 284.17	56.2
60	406.38	- 329.32	31.1
65	271.78	- 134.60	20.8
70	248.30	- 23.48	19.0
75	163.00	- 85.30	12.5
80	188.50	+ 25.50 *	14.4

* 此年耕地面積增加，係因河川地之重新規劃。
資料來源：據《臺北縣統計年報》、《臺北縣統計要覽》
　　　　　各年度數據資料統計而得。

表3-1-6　　三重農業人口數及百分比

年度	有業人口數	農業戶數	農業人口	佔就業人口%
40	26,499	1,842	11,144	42.1
45	43,766	1,493	8,318	19.0
50	66,328	1,187	8,208	12.3
55	81,490	930	6,649	8.2
60	82,108	869	6,209	7.6
65	108,881	548	3,742	3.4
70	150,563	515	3,473	2.3
75	159,454	365	2,044	1.3
80	181,281	189	1,078	0.5

資料來源：①《臺北縣統計年報》，40、45年度。
　　　　　②《臺北縣統計要覽》，75、80年度。
　　　　　③《臺灣省人口統計》，60年度。
　　　　　④《中華民國臺閩地區人口統計》，65、70年度。
　　　　　⑤《中華民國戶口普查報告書》，45、50年度。
　　　　　⑥《臺閩地區戶口及住宅普查報告書》，55年度。

年時，祇剩一千多人（見表3-1-6），四十年間，農業人口短少十倍，這似乎說明三重已完全脫離農業聚落形態，轉往以工、商業機能爲主的都市發展型態走去。但無論如何，農業發展著實在三重地區產生過相當大的影響，至今三重仍有大規模的果菜運銷公司、多家農會與農業改良所，可知早期三重農業機能的顯著。

註　釋

❶ 關於經濟發展階段論述最有力者，當推英國經濟史家羅斯托（W.W. Rostov）在其The stage of economic growth一書中所創的「傳統性社會─前發軔期」、「發軔期」、「成熟期」、「大眾化高度消費期」與「超消費期」五種階段類型。有中譯本，見饒餘慶譯，《經濟發展史觀》，香港：今日世界社，民國54年5月　。

❷ 國立編譯館主編，《高級中學經濟地理教師手冊(下)》，民國82年1月，頁112～113。

❸ 林滿紅，〈茶、糖、樟腦業對晚清臺灣經濟社會之影響（1860～1895）〉，載《茶、糖、樟腦業與晚清臺灣》，臺灣研究叢刊第115種，臺北：臺灣銀行經濟研究室印行，民國67年5月，頁71～73。

❹ 柯志明，〈殖民經濟發展興階段支配結構──日據臺灣米糖相剋體制的危機與建構（1925～1942）〉，《臺灣社會研究季刊》，第13期，民國81年11月，頁 247。

❺ 《鷺洲庄要覽》，昭和10年版，頁40。

❻ 臺北州產業部農林課編，《臺北州の農業》，昭和16年7月，頁101。

❼ 臺北縣政府，《臺北縣新聞史料彙抄》（手抄影印本，抄錄大正9年至民國40年有關臺北縣之新聞資料，共分33冊，書藏臺北縣立文化中心），第4冊，大正15年2月24日，「孝子表彰」條，頁39。

❽ 《臺北縣新聞史料彙抄》，第6冊，昭和2年3月1日，「淡水河帆船遭難，船夫父子皆不明」條。

❾ 《臺北縣新聞史料彙抄》，第24冊，昭和13年9月7日，「臺北州蔬菜輸

出滿州」條。

⑩　《臺北縣新聞史料彙抄》，第19冊，昭和9年5月13日，「州營蔬菜園農民見習」條，頁8～9。

⑪　《臺北縣新聞史料彙抄》，第28冊，民國38年11月1日，「臺北縣三重埔農場墾耕完成」條，頁1。

⑫　陳正祥，《臺灣地誌》，下冊，民國50年，頁1054。

⑬　臺北縣政府主計部編印，《臺北縣統計要覽》，31期，民國70年，頁89。

⑭　同⑤。

⑮　《臺北縣志·農業志》，民國49年，頁3584。

⑯　唐羽，〈溪尾庄古契彙編（上）〉，《臺北文獻》直字第79期，民國76年3月，頁209。

⑰　四英花，又名秀英、素馨，耶悉芳，屬木犀科，因具有強烈香味，每年被收集用於製茶。見《臺北縣志·農業志》，頁3584。

⑱　《臺北縣新聞史料彙抄》，第10冊，昭和4年10月11日，「四英採賣特價三十五、六圓」條，頁24。

⑲　《臺北縣新聞史料彙抄》，第26冊，昭和17年4月2日條。

⑳　《臺北縣新聞史料彙抄》，第10冊，昭和4年10月5日，「料花戶同盟下賣爲花價百斤差十二、三圓茶商多以茶少聽其自然」條，頁13～15。

㉑　陳正祥，《臺灣地誌》，下冊，頁1055。

㉒　同上註，頁1063。

㉓　《臺北縣新聞史料彙抄》，第20冊，昭和10年2月1日條，頁1～2。

㉔　《臺北縣新聞史料彙抄》，第15冊，昭和7年7月8日，「臺北州蜜柑輸出倫敦將來有望」條，頁2～3。

㉕　臺北州內務部勸業課編，《臺北州農業要覽》，昭和13年3月，頁30。

㉖　陳正祥，《臺灣地誌》，下冊，頁1055、1063。

㉗　同上註，頁1054。

㉘　《臺北縣志·農業志》，頁3572。

㉙　同㉕。

㉚　據陳正祥在民國50年的實地調查，本區之水肥池約有200個，見前引書，頁1062。筆者小時候亦曾看過農夫挑水肥澆灑蔬菜之情景。

㉛　《臺北縣新聞史料彙抄》，第2冊，大正14年3月12日，「臺北州農會事業（下）」條，頁39～40。

㉜　《臺北縣新聞史料彙抄》，第31冊，民國40年8月4日，「各地簡訊」條，頁8～9。

㉝　《臺北縣新聞史料彙抄》，第26冊，昭和17年5月6日條。

㉞　《第二次臨時臺灣戶口調查概覽表》，大正4年，頁174。

第二節　工業化的開展

一、工業經營型態

　　據社會學者斯美薩（Neil.J.Smelser）對工業化特徵的解釋為：㈠在工藝技能上，簡單與傳統的技能變為科學知識的運用。㈡在農業上，維生農業變成為專業農作物的發展，亦即農業生產的專門化。非農業貨物之購置消費，以及「農場勞工制」建立現象的迅速發展。㈢在工業上，人力與獸力的使用量大減，而機器生產方式的普遍實行，生產物品並銷售到產地外地區。㈣在區位上，鄉村人口大量移入都市中心❶。

　　整體而言，這些工業化特徵在三重從農至工的機能型態轉變中，即明顯地反映出。早期三重雖以農業機能為重，但維持經濟生活的手工業、輕工業組織仍然存在；加上日據初期，總督府為求扶植日本資本企業發展與供應日本內地所需，將工業組織規模擴大❷，因此本區輕型工業乃多有發展。據昭和年間的調查，這

些工業經營型態大致可分為輕型製造業與手工業兩項。輕型製造
業方面有製麵、麻、木、胡麻油、金銀紙等；在手工業方面則有
竹織、木織、藤織、布織等（詳表3-2-1）。其中輕型製造業，
因三重地鄰省垣，交通便利，故大規模的製造工廠，多設立於此。在
食品業方面：如米粉工廠－「東明商會」❸、糖果工廠－
「九州製果」❹；在製冰業方面：如「合源製冰工廠」❺；在榨
油業方面：如「臺北州共榨油合作社」❻；在橡膠業方面：如
「東南護謨製作所」❼等皆是臺北州下最具規模之製造工廠。惟
因這些工廠之工業經營型態並未脫離傳統社會所需簡單物品的製
造與加工，鋼鐵等重工業尚未興起，因此工業機能並不完全。

表3-2-1　昭和年間三重工業類別一覽表

種　　別	製造場數	數　　量	價　　額
籾　摺(玄米)	7	27,923 石	447,367 圓
精　米(白米)	7	4,665	77,649
麵　　類	8	190,000 斤	15,865
菓　　子	8	43,152	9,925
油　（胡麻）	2	4,360	1,657
油　　槽	2	6,250	113
金　銀　紙	1	3,260	652
竹　細　工	13	＊	465
藤　細　工	7	＊	50,700
鐵　工	9	＊	21,230
機　織品	10	＊	576
木　製品	7	＊	9,300
下　駄	12	87,000 足	13,050
麻　繩	4	21,000 斤	3,150
蕈　叺	6	1,390 枚	111
石　灰	1	96,000 斤	864
金銀細工	2	530 刃	2,026
蜂　蜜	16	4,600 斤	2,300

資料來源：《鷺洲庄要覽》，昭和 6 年版，頁20～21。

　　光復後，由於本區人口激增之故，農業耕地大量減少，傳統農業漸形萎縮；又因中央對臺北都會區之重新規劃❽，使得三重漸擺脫農業型態，漸轉向工業發展。三重在此規劃中雖被歸類為工、商業區及衛星城市等諸多功能的混合城市❾，但因勞力、市場、土地、交通等因素的考量，工業區所佔比例仍屬最重，加上民國四十二年後，臺灣「四、六年經濟建設計劃」的陸續推出，終使得此區工業急速成長。三重除傳統手工業、輕型製造業繼續發展外，重工業也有相當驚人的表現。從《臺北縣志·工業志》與《臺北縣統計年報》中，即可發現光復初期臺北縣內重工業工廠，幾全集於三重地區。無論鍊鋼、鑄鐵或農業、紡織機具的製造與生產，工廠數均以三重為多（見表3-2-2）。

表3-2-2　　光復初期臺北縣重型工業工廠分佈

(單位：家)

類別 數目 市鎮	三重	南港	瑞芳	士林	板橋	汐止
煉　　　鋼	4	0	1	1	0	0
鑄　　　鐵	9	1	0	0	0	0
農 業 機 具	3	0	0	0	0	0
紡 織 機 具	12	0	0	0	1	0
礦 用 機 具	0	1	0	0	1	1
其 他 機 具	1	2	0	1	0	0
化　　　學	0	2	0	1	4	0

資料來源：據《臺北縣志·工業志》統計而得

表3-2-3　民國40年臺北縣各類工業工廠數
(單位：家)

類別＼市鎮 數目	三重	南港	瑞芳	樹林	板橋	淡水	新莊
紡　織	28	1	0	20	21	3	10
金　屬	14	1	1	0	0	0	0
機械器具	15	1	0	0	0	1	0
化　學	27	3	0	1	5	0	0
製材及木製品	1	0	0	0	0	1	0
食　品	20	1	16	6	11	8	11
印刷裝訂	0	0	0	1	0	0	0
窰　業	1	18	0	1	2	1	0
其　他	5	1	0	2	2	0	0
共　計	121	26	17	31	42	14	21

資料來源：《臺北縣統計年報》，第1期，民國41年6月，頁81。

　　其實這仍是中央政策的延伸，由於日本政府在1930年代末期，積極準備「侵華戰爭」與「南進策略」，爲求軍需補給，因而在臺灣發展製鐵、重機械、石油、製琉酸錏等重工業❿。在北臺部份，由於臺北爲戰時指揮所與首府所在，爲免戰爭時遭受破壞，一些重工業設備與原料，乃多集結於近郊（此即爲防空疏散政策之考量），三重既位近臺北，故列爲工業區。光復後，國民政府仍多遵循日總督府所規劃模式，故臺北縣各重工業工廠，乃多分佈於此。即因此三重的重工業得以提早發展，較其他市鎮來得早些。

光復初期三重的重工業發展果有一日千里之勢,但因移入人口的增多,洪害的情形嚴重,五〇年代後,一些大型工廠幾無法在此立足,紛紛他遷。往西者多向新莊、龜山、桃園、中壢等地呈線狀延展,往西北者則多往五股、泰山一帶集結❶。是故,本區工廠多剩下中、小型之零組件工廠。另由於零組件工廠費電較少,機臺數不多,工作空間又不會太大,因而本區也呈現了著名「客廳即工廠」之工業經營型態。

除偏重重工業外,輕(手)工業在本區分佈亦相當活躍。除織布業、棉業與印染業外❷,傳統的碾米、製麵、竹藤、皮革、玻璃、編織等業仍繼續存在,表現出輕工業種類的多樣化。但隨

表3-2-4　三重及其鄰近鄉鎮工廠數歷年變化表

(單位:家)

地區\工廠\年度	54	55	56	57	58	59	60	61	62	63
三　重	810	845	881	969	1013	1095	1172	979	1045	1103
板　橋	280	282	310	351	399	443	475	421	488	553
永　和	98	79	81	84	88	92	94	75	86	95
中　和	169	190	223	250	294	337	399	379	439	455
蘆　洲	55	49	62	74	88	114	143	136	143	150

資料來源:許柏修,〈三重市近十年成長之探討〉,民國66年,頁138。

著時間流轉，工業化的來臨，機器多代替手工，因此傳統碾米、製麵業有逐漸衰退趨勢；印刷、造紙、紡織等輕工業則急起直追，漸取代其地位。雖為如此，三重仍擁有臺北縣下眾多輕（手）工業工廠，且成為此區工業經營之主導❸。

二、工業區的設置與分佈

　　由於三重境內有為數不少的工廠，因此如何加以集中規劃使與住宅、文教、商業等區分離，又能兼顧工業區設置所需考量諸如天然、經濟、技術等因素，實為一重要課題❹。三重由於市街擴展過速與工業化影響，新式工廠紛紛設立，但因規劃未盡完善，工廠分佈多顯零散。雖為如此，由於自然聚集與爾後政府重新規劃緣故，本區仍有橋頭、北、西（頂崁）等三個工業區❺。

　　㈠橋頭工業區：位在臺北橋頭以南，至福德南路與中央南路底，略呈一三角型地帶。此區在日據時期已有多家手工業與輕型製造業工廠，由於位近臺北，工廠所製的成品與半製成品多供應臺北市，因此與臺北市商業的聯繫最為密切。

　　㈡西（頂崁）工業區：即鄰近新莊的二重埔地帶，此區在民國五十三年由縣府開闢完成，全區面積計有197.5859公頃❻，是本市較早規劃完成的工業區，工廠大多為鋼鐵、機械等重工業。而一些著名公司的工廠，如味全食品公司、田邊製藥與太子汽車等，亦多設於此。

　　㈢北工業區：即臺北橋以北鄰近蘆洲地區，本區由於近蘆洲，早期為一蔬菜栽培區，耕地相當廣，故此區的工廠數為三者中最少者。

圖3-5 三重頂崁工業區

圖片來源：《美麗三重》，頁43。

圖3-6　三重市內重要食品工廠

圖片來源：同上圖，頁43。

　　除上述三區外，三重境內還有爲數眾多的家庭工廠與地下工廠，若將此計入的話，則三重地區的工廠數與工業發展，當凌駕他市鎮更多。

　　工業區的設立，原本立意頗佳，不但有助於工業發展，且有助於居住品質的改善，但日據時期在作都市規劃時，似未注重此點。在講求「效率」的前提下，工業區的設置常未臻理想，如將臺北東郊「松山」劃爲工業區，即爲一例。由於臺灣北部冬季多吹東北風，經由季風吹拂，常使此地大量工廠所排放之塵煙往市中心飄送❶，如此一來，除使臺北成爲塵煙環繞的「霧都」外，更嚴重影響到市民健康。光復後陸續有學者提出應將工業區轉向臺北盆地西部一帶擴展❶。或爲此故，淡水河西岸的三重、新莊

等地在光復後便取代松山、南港的工業地位,成爲新興工業區。

工業區規劃目的雖在促使一地工業發展,卻常受制於「中央政策」的操控,如上所述臺北近郊工業區的由東向西轉移,即爲一例。此外,從三重工業區規劃的例子中也可看出徵兆:光復後省政府曾承繼日據時期規模,將三重作一較完善的都市規劃,其中最重要者乃工業用地的擴張,但若以此信服此一政策完全爲工業發展設想,卻又未然。原來此一規劃與往後「防空疏散計劃」的隔絕措施相延續❶,爲求戰時首府臺北人員、物資能順利疏散地方,中央政策乃決定將工業區與工業用地視爲疏散政策一環,並非祇是純粹發展工業而已。

三、工業人口增長與消減之因

就工廠數與工業區而言,三重的工業機能已相當明顯,再從其工業人口分佈,亦說明本區以工業爲主導機能的取向。如表3-2-5所示:三重第二級產業人口,一直高居不下,從民國四十年的11.0%直至民國八十年的51.8%,可知三重三十年來的工業人口確有相當比重。至於民國五〇年代初期的工業人口數有下降事實,據筆者推估,應有下列三種可能:

㈠職業類別區分未盡詳細:此等數據可能祇指製造業人口,未含營造業人口,因而第二級產業人口比例稍減。

㈡受水患影響:民國五十二年時,恰有葛樂禮颱風過境,淹沒三重全境。此後每遇颱風,當年社會人口即明顯降低,工廠與居民的搬遷,或是造成工業人口減少之因。

表3-2-5　　三重工業人口數及百分比

年度	工業人口	有業人口數	佔就業人口%
40	2,912	26,499	11.0
45	9,316	43,766	21.3
50	20,678	66,328	31.2
55	28,944	81,490	35.6
60	32,835	82,108	40.0
65	50,494	108,881	46.4
70	76,156	150,563	50.6
75	83,178	159,454	52.2
80	93,926	181,281	51.8

資料來源：①《臺北縣統計年報》，40、45年度。
　　　　　②《臺北縣統計要覽》，75、80年度。
　　　　　③《臺灣省人口統計》，60年度。
　　　　　④《中華民國臺閩地區人口統計》，65、70年度。
　　　　　⑤《中華民國戶口普查報告書》，45、50年度。
　　　　　⑥《臺閩地區戶口及住宅普查報告書》，55年度。

　　㈢製造業與工業人口轉往商業或其他服務業發展：畢竟第二級產業費力較多，且危險性亦高，這從民國五〇年代初期起從事第三級產業人口的增高，或可見一般。

　　五〇年代末期，省政府在臺北縣議會強烈要求下，開始注意淡水河西岸部份的堤防修築工作[20]，三重等地的水患稍獲疏解，移入三重的工業人口又再度暴增。由於市場、交通、勞力、地價等因素的考量皆臻理想，移入設廠者增多，而往此地就業的外來人口也順勢增加。自此，三重以工業機能為取向的型態漸成為本區產業結構的主導。

　　綜上所述，三重成為工業型態的都市相當明顯。從日據末期至光復初期，三重多被規劃為工業用地，重工業與輕工業分頭發

展，是爲由農業轉變爲工業都市的關鍵年代。五〇年代初、中期，本區曾因洪水泛濫與商業興起，嘗使工業人口一度下降，但從五〇年代末期至六〇年代初期，工業人口又再度回升，且超過商業與服務業人口。此後即一直呈現高成長狀態，市鎮就業人口中有半數以上皆爲工業人口，這亦說明工業化的潮流不可阻擋。此後，三重便擺脫農業機能型態，轉往以工業爲主、商業爲輔的新興都會邁進。

註 釋

❶ Neil.J.Smelser," The Modenization of Social Relation " in Myron Weinner(ed.), <u>Modernization.</u> New York: Basic Books,1966, pp.110 - 111. 轉引自范珍輝，〈臺灣城鎮現代化過程之研究〉，《臺灣大學社會學刊》，第9期，民國62年7月，頁3～4。

❷ 《臺北縣志·工業志》，頁4305。

❸ 原本新莊郡之米粉，皆從中國山東輸入，後有三重埔人呂陸氏研究成功，多所製造，設立工廠，並獲專賣許可。見《臺北縣新聞史料彙抄》，第24冊，昭和13年7月3日條。

❹ 光復後，此一機構改名爲「臺灣糖果餅乾公司」。見《臺北縣新聞史料彙抄》，第27冊，民國36年2月7日，「臺北縣糕餅工業工會舉行成立大會」條，頁11。

❺ 《臺北縣新聞史料彙抄》，第31冊，民國40年5月26日，「各地通訊」條頁74～75。

❻ 《臺北縣新聞史料彙抄》，第26冊，昭和18年3月2日條。

❼ 《臺北縣新聞史料彙抄》，第23冊，昭和11年12月30日，「東南護謨製作所竣工按來日落成」條，頁84～85。光復後，此一機構改名爲「東南橡膠廠」，見《臺北縣志·工業志》，頁4416。

❽ 蔡采秀、章英華，〈國家與地方都市的發展：以板橋爲例〉，民國81年3

月，頁11。

⑨ 李瑞麟，〈臺灣都市之形成與發展〉，《臺銀季刊》，24卷3期，民國62年9月，頁20。

⑩ 《臺北縣志·工業志》，頁4406。

⑪ 這些地點相較於三重而言，地價較低，有交通之利，且無洪害影響。因此，成爲三重境內工廠遷移之大宗，三重本身的工業經營型態受此影響乃轉向輕型製造業方面發展。

⑫ 時北縣境內生產棉布之大型工廠，有設於三重之「華南紡織公司」（簡稱華紡）與設於板橋之「臺北紡織公司」（簡稱臺紡），二者之生產力皆相當高。見《臺北縣新聞史料彙抄》，第33冊，民國40年12月2日，「華南紡織公司」條，頁4。另見《臺北縣志·工業志》，頁4332。

⑬ 目前臺北縣境內手工業工廠，以蘆洲296家爲最多，三重則以143家居第二位，見《臺北縣統計要覽》，第40期，民國80年，頁120～121。

⑭ 所謂天然的因素，可包括地勢、氣候、物產與給水等；經濟的因素，可包括原料、勞工、土地、市場、交通與資本等；技術的因素，可包括生產方法的改變與管理、組織的配合等。見陳正祥，《臺灣地誌》，下冊，頁1083。

⑮ 楊萬全，〈三重市都市計劃機能區的研究〉，《地理教育》，創刊號，民國58年2月，頁3～4。

⑯ 臺北縣政府公報室編印，《一年來的臺北縣政》，「規劃工業用地」條，頁38與「開發新工業區」條，頁40，民國54年6月。

⑰ 陳正祥，《臺灣地誌》，下冊，頁1084。

⑱ 鄭子政，〈臺北盆地的氣候〉，《地學彙刊》，第1期，民國58年5月，頁59。

⑲ 蔡采秀、章英華，前引文，頁13。

⑳ 臺北縣議會編印，《臺北縣議會志》，民國66年5月，頁371、373。

第三節　商業的發展

一、各級商業的出現與漸次形成

　　一個都市是否便利以及未來的發展是否蓬勃，常決定於其商業機能是否強盛。三重由於開發較遲與地理位置關係，初期僅有小規模的市集交易，爾後因人口驟增，街市漸為擴展，店鋪市場乃應運而生。日據時期，更因一些商店會社（公司）與公共市場在本區的設置，使得三重的商業機能逐漸明顯❶。但因鄰近臺北都會中心之故，商業機能常受影響，相對地，商業成長也多受限制。

　　關於商業的分類，按其性質與影響，常可分為初、中、高級三類。初級商業乃供應居民日常生活所需，且須是可就近獲得貨源與服務之商業。如普通之百貨、理髮、蔬果、雜貨、洗染等業。中級商業則為提供居民日常生活中需要時間較長，且可至稍遠地獲取的貨物與服務之商業。如普通之服飾、傢具、電器、文具、鐘錶及美容、飲食、娛樂等業。高級商業則供應居民並不經常購用，且可至更遠之地獲取者，如傢具、珠寶、服飾、電器、書籍、眼鏡等貴重物品及商品批發、金融保險、工商服務、高級飲食服務、高級娛樂服務、航空、航海、鐵路、公路之交通服務等❷。

　　在農業發展時期，由於「供需」關係，常有初級的商業行為產生，如「市集」即為一例。清領時期的三重，雖為一農業聚落，但一般市集交易卻多存在。惟因鄰近東（臺北）、西（新莊）二地，乃當時重要街市❸，故三重市集交易多往彼地舉行。日據後，因三

重人口規模擴充，街市大量產生，本地市集交易愈見活絡。除一般店鋪市場紛紛設立外，大規模的「會社」與「公共市場」亦陸續加入本區，使得本區商業機能發展，大爲向前。其中大規模會社如「東明商會」❹；公共市場如「鷺州庄第二食料品零售市場」❺，皆有相當大資本額與銷售額，三重的商業發展似已由初級商業過渡至中級商業。

　　至日據末期，三重雖還停留在以農業機能爲主的社會，但初級商業已大爲發展，除此之外，一些「中」、「高」級商業，也在光復前的三重發展起來。如爲著肥料、穀物的發放，收成物的供銷與利用，設備與金錢借貸等諸多農業經營事項而創辦的「三重埔信用販賣購買利用組合」❻，其性質即爲一高級商業。此外，新式銀行的設立，在光復前的三重也已產生。據《臺北縣志》記載：「彰化商業銀行三重埔分行」，在昭和十九年（1944）三月五日即已創設，其原稱爲「三重埔出張所」，民國三十六年才升爲三重埔分行❼，此亦爲一高級商業。另如民國四十年十月初，爲解決房荒問題而籌設之「建築合作社」❽與四十年十二月底，升格爲分行之「第一商銀辦事處」，其性質皆類同於高級商業。總之，三重在日據時期除有初級商業發生外，亦有類似高級商業（商會、合作社、農會、銀行）的產生，充分證明商業發展難以截然劃分。

二、商業區的分佈與商業人口數

　　由於光復前後，三重人口已有激增跡象，再加上工業逐漸發展，間接促使本區高級商業產生。光復後，更因三重地區人口大

量增加，工業化開展迅速，使得商業發展一日千里，商店數逐漸增多。據統計：昭和十二年三重（含蘆洲鄉）的販賣業者僅287家❾，至民國四十年時，三重的商店數已達五百餘家❿，至民國七十四年時，商店數更增至9,397家⓫，其商業發展若此，商業地位已穩居全縣之最。由於商店數的逐漸增多聚攏，依此而形成的商業區乃逐漸出現。關於三重的商業區，大致有下列幾處：

（一）中心商業區：此區為三重最繁華的地帶，大致集中在省縱貫線（重新路）與正義北路交叉叉口一帶。據楊萬全在民國五十七年的調查，全市十一家銀行，有十家分佈於此；十家戲院則有六家集中於此，另如百貨、金飾、高級商品店等，亦多集中於此，故此區可算是高級商業機能區⓬。本區雖然發展最早，但受臺北市強烈吸力影響，多數居民仍願搭車至臺北商業區購物消費⓭，使得本區商業發展頗受限制。

圖3-7　三重中心商業區

圖片來源：《美麗三重》，頁45。

　㈡中級商業區：此區雖發展於古老社區中，但多靠近中心商業區（如中央北路、三和路、大同南路等），因此受其影響至深。又因此區主要以供應普通服飾、家電、傢具、飲食等為主，且有較大規模之市場，故較中心商業區發展得快，成為三重居民主要消費購物所在❶。

　㈢初級商業區：多零星分佈於住宅區周圍，以市場為中心，供應一般鄰里居民日常生活用品，如蔬菜、雜貨、文具等所需，純為服務附近居民而設，此一商業區為數雖多，但影響與消費所及僅是一社區之地。

　商業區的發展、性質雖有不同，但從事商業的人口卻不斷增多。從下表中，我們可明顯看出，商業人口從民國四十年的9.5

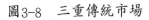

圖3-8　三重傳統市場

圖片來源：同上圖。

％增至八十年的22％，雖不若工業人口增長的速度，但四十年間的成長率仍近兩倍半。由於僅鄰臺北都會中心緣故，商業人口甚或消費人口大都轉向都會中心就業或消費，本區商業人口成長多受此一制約影響。

表3-3-1　　三重商業人口數及百分比

年度	商業人口	有業人口數	佔就業人口%
40	2,511	26,499	9.5
45	4,332	43,766	9.9
50	7,055	66,328	10.6
55	9,328	81,490	11.5
60	13,326	82,108	16.1
65	19,603	108,881	18.0
70	32,494	150,563	21.6
75	34,108	159,454	21.4
80	39,939	181,281	22.0

資料來源：①《臺北縣統計年報》，40、45年度。
　　　　　②《臺北縣統計要覽》，75、80年度。
　　　　　③《臺灣省人口統計》，60年度。
　　　　　④《中華民國臺閩地區人口統計》，65、70年度。
　　　　　⑤《中華民國戶口普查報告書》，45、50年度。
　　　　　⑥《臺閩地區戶口及住宅普查報告書》，55年度。

三、對臺北市消費、購物之依存

　　由於從事商業的人口（如批發零售、旅館飲食、進出口貿易等）增多，初期甚至與三重工業人口約略相當❶，及至五〇年代中期後，由於三重居民依賴臺北商業機能的情形增強，商業發展多受限制，而此時期工業卻快速成長，商業發展終落後於工業發展。

表3-3-2　　　三重產業人口變化表

年度		第一級產業	第二級產業	第三級產業	合　計
52	人	6,239	10,451	27,451	44,141
	%	14.1%	23.7%	62.2%	100%
65	人	6,876	51,102	50,903	108,881
	%	6.3%	46.9%	46.8%	100%
78	人	1,282	91,647	80,804	173,733
	%	0.7%	52.8%	46.5%	100%

資料來源：林育平，〈三重市都市發展及其居民環境識覺之研究〉
，民國79年6月，頁31。

表3-3-3　　　三重人口職業分配百分比

年度	百分比 類別	農業	漁業	礦業	工業	商業	金融運輸	公共服務	人事服務	自由業	其他
37		46.8	—	0	15.0	18.9	3.0	3.6	6.0	2.2	4.6
47		14.5	0.1	0.4	33.1	23.9	5.3	5.8	8.8	4.0	1.5
49		6.9	0.1	0.4	36.1	28.2	6.2	7.7	8.3	4.2	1.9
57		12.6	—	0.7	35.8	17.7	6.6	25.83		—	0.2

資料來源：①龍冠海，〈臺北市郊區四市鎮之人口結構與變遷之研究㈢〉
，民國59年 7月，頁138～139。
②陳正祥，《臺灣地誌》，下冊，民國50年，頁1046、1090。

　　早期三重的商業發展，並未感受到臺北市的壓力與限制。三重也有最繁華的中心商業區；有多分佈於古老社區內的中級商業區；也有混雜於住宅區的初級商業，自給自足的現象相當普遍。據龍冠海在民國五十七年的抽樣調查顯示：三重市民的購物、娛樂等活動地點，皆以本市爲主（見表3-3-4）。但臺北市的商業

表3-3-4　三重居民購物、娛樂等活動地點百分比
（民國57年）

活動別		三　　　　　　　　　　重		
		本市鎮	臺北市	其他市鎮
購	食品	96.25	3.58	0.17
	衣著	80.17	19.49	0.34
	書籍	70.14	29.86	──
物	醫藥	90.41	8.65	0.94
娛	電影	78.76	21.24	──
樂	戲劇	82.11	17.89	──
宗　　教		82.66	16.12	1.26
就　　醫		86.59	12.80	0.61
訪　　友		56.49	35.76	7.74
各項平均		80.39	18.38	1.23

資料來源：龍冠海，〈臺北市郊區四市鎮
　　　　　之人口結構與變遷之研究㈣〉
　　　　，民國59年11月，頁179。

表3-3-5 各市鎮對臺北市之購物依存率

市鄉鎮	購物(對臺北市之依存率)			通勤至臺北(%)	市鄉鎮	購物(對臺北市之依存率)			通勤至臺北(%)
	日用品(%)	中級品(%)	高級品(%)			日用品(%)	中級品(%)	高級品(%)	
三重	4	25.0	38.2	35.6	泰山	5.8	18.5	19.2	14.5
板橋	5.5	28.9	42.4	28.5	林口	3.7	32.3	44.1	12.5
樹林	2.3	21.6	20.0	20.8	八里	－	44.8	56.8	15.1
鶯歌	10.8	22.1	48.1	13.4	桃園	－	3.7	10.9	6.8
三峽	－	14.9	14.1	6.0	中壢	－	3.4	9.1	10.1
新莊	－	23.2	40.2	21.0	楊梅	－	4.1	12.3	13.0
新店	11.5	37.7	41.1	29.2	大溪	－	6.6	13.1	13.2
永和	5.1	30.0	45.9	46.4	蘆竹	－	3.0	9.4	11.4
淡水	－	22.3	34.9	21.1	大園	－	2.2	2.2	7.1
汐止	6.9	27.6	28.7	31.1	大龜山	－	5.9	11.5	11.9
瑞芳	－	7.9	21.3	22.0	八德	－	2.0	－	7.8
中和	5.5	36.6	49.4	31.4	龍潭	－	3.8	11.4	10.3
土城	2.3	25.6	37.5	17.5	平鎮	－	2.9	9.7	12.8
蘆洲	－	54.2	63.0	23.6	新屋	－	4.5	6.5	15.8
五股	5.7	47.4	66.7	24.1	觀音	－	7.1	12.9	13.3

資料來源：江文顯，〈臺北都會區衛星市鎮都市化過程之研究（上）〉，民國76年12月，頁139。

機能已逐漸增強，影響所及，各市鎮對臺北市的依存率乃相對提高。除一般日用品在當地消費外，中、高級商品多至臺北市消費。此外，在就業、就學上的表現，亦突顯此一依附傾向。

　　總之，三重與其他鄰近市鎮對臺北市的購物依存率已繼長增高。就三重而言，民國五十七年時，購物、娛樂等活動還在市鎮內施行，但現今卻多往臺北市活動，尤其在高級品的需求上，情形更為顯著。這一現象反映出：三重當地的商業機能無法滿足本地居民的要求，由於太過於靠近臺北都會中心，雖然在光復初、

中期有極旺盛的商業機能出現，但商業機能終不若臺北市強。因此其發展型態，恐怕短期內仍像其他衛星市鎮般，祇能以中級商業中心與初級的鄉里商業中心服務爲主⓰。

註 釋

❶ 《臺北縣志‧商業志》，頁4496。

❷ 許柏修，前引文，頁139～140。

❸ 道光年間，當時淡水河東岸之艋舺、滬尾；西岸之新莊，皆爲重要街市。見姚瑩，〈臺北道里記〉，臺灣文獻史料叢刊第3輯，《東槎紀略》，頁90。

❹ 見《臺北縣新聞史料彙抄》，第24冊，昭和13年7月3日條。

❺ 臺北廳總務部總務課編印，《臺北州統計書》，昭和17年11月刊行頁316～317。

❻ 此一機構在昭和7年（1932）9月創立，民國38年後改名爲「三重鎮農會」，當時所負責之業務多與農業經營、耕作事項有關，與今日之金融借貸，多有不同。見《臺北縣志‧商業志》，頁4571～4572。另見《鷺洲庄要覽》，昭和7年版，頁34。

❼ 《臺北縣新聞史料彙抄》，第33冊，民國40年10月23日，「三重人士籌設建築合作社」條，頁135。

❽ 《臺北縣志‧商業志》，頁4555。

❾ 《臺北縣志‧商業志》，頁4501。

❿ 《臺北縣志‧商業志》，頁4509～4510。

⓫ 三重市公所編印，《今日三重》，民國77年2月，頁38～39。

⓬ 楊萬全，前引文，頁4。

⓭ 許柏修，前引文，頁140。

⓮ 楊萬全，前引文，頁5。

⓯ 民國40年三重之工業人口爲2,912人；商業人口則有2,511人，二者相差並不多。見《臺北縣統計年報》，民國41年6月，第1期，頁16。

❶⑥　江文顯，〈臺北都會區衛星市鎮都市化過程之研究─以板橋爲例〉，
　　《臺北文獻》直字第83號，民國77年3月，頁98。

第四章　現代化的開展與延滯

　　所謂「現代化」係指一個地區或國家趨向於現代理性社會的各種變化，它的目標是在不斷追求適合於現代社會所要求的各種理性化❶。由於現代化的涵義過於空泛且常被混淆，因而，透過現代化發展的指標著眼，應是看清現代化變化過程的最佳方式。關於現代化的主要指標，據社會學家杜亦曲（Karl Deutsch）的看法為：「接觸到機器、建築物、消費產品等所表現的現代生活層面；回應於大眾傳播；都市化；轉離農業；識字普及；國民所得增加等等。」❷由於這些指標過繁，　故在本文中僅針對筆者認知促使三重地區現代化發展的「助力」——交通建設與防洪措施完善；「阻力」——文教事業缺乏與都市規劃失當，作一探討，期能了解三重地區現代化發展的情形與困難。

第一節　交通設施

一、鐵路（縱貫線的更改）

　　鐵路的興建，對鄉鎮現代化發展與拉進城鄉間距離，無疑有極大助力；在交通上，鐵路亦是相當便捷的運輸工具。三重現今雖無鐵路經過，但在清光緒年間曾一度為鐵路所經，面對著鐵路線的從有至無，三重的發展確受其影響。

圖4-1-1　臺灣鐵路線路圖

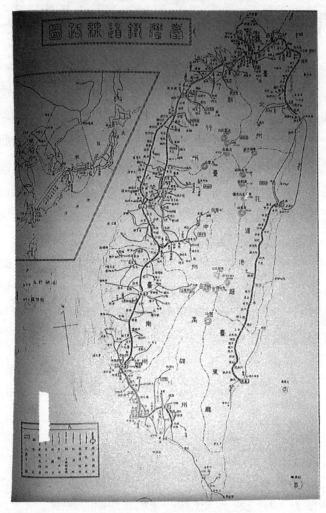

資料來源：《臺灣懷舊》，頁323。

　　時劉銘傳任臺灣巡撫，便曾積極興建省內縱貫鐵路。他認為修築一條貫通臺灣南北的鐵路，不但臺灣的建省和海防工作，易於進行；且有助於開發內山、繁榮商務，更可以鐵路橋替代各大河應興的橋樑工程，節省修築橋樑的費用❸。因此，在光緒十三年（1887）四月，鐵路便由臺北大稻埕起工，向基隆方面修築。翌年，臺北至新竹段的鐵路亦開始修築，此段路線即經過三重。

　　當時三重名為三重埔莊，仍為一典型農業聚落，因有鐵路經過，對三重與臺北大稻程二地往來與運輸，也產生極大幫助。時火車由大稻埕出發，向北經大橋頭後，轉向西跨越淡水河上的鐵道木橋❹，行駛於約略今日三重「重新路」（臺一道），經海山口（新莊）、打類坑（迴龍）、龜崙嶺（龜山）、桃仔園（桃園）以至新竹。此段鐵路在六年後竣工（即光緒十九年，1893），並於同年十一月開始營運❺。

　　關於此段鐵路（臺北～新竹）的修築，最困難部份，一在淡水河上的鐵橋工程，由於此部份河床過於寬廣（約四分之一哩），且為沙洲地型，水淺沙深，橋基不易固定；在洪水季節來臨時，又恐有沖毀之虞，因而，施工不易，但最後還是在光緒十五年七月被克服了❻。另一則在打類坑到龜崙嶺的地帶，由於此處為山谷地形，修築不易，再加上當時的工程技術不甚精良，因此，花費多時，才將此部份的鐵路修築完成。繼任臺灣巡撫的邵友濂就曾述及：「北穿獅球嶺則洞隧百尋，南渡龜崙則踰九折，路工之難如此。」❼兩位騷人墨客－池志徵與某氏，也發出了「兩邊皆山，火車上下，遠望透迤如蛇行」❽與「惜山路崎嶇，鐵軌、汽車，俱易損壞」❾的感嘆。

　　臺北至桃園段鐵路完成後，由於其票價低廉❿、平穩安全且迅速，所以吸引許多人搭乘；又因此鐵路為華南地區僅有，因此也帶來大批因好奇而購票搭乘的「非臺籍」旅客⓫。此段鐵路對三重地區的發展而言，不但使三重地區得以與當時最興盛的街市～臺北「大稻埕」往來更形密切，亦可依此而與其他鄉鎮聯絡。例如：當時大稻埕的茶業生意興隆，其中包種茶所需的香花原料，即多仰賴三重供應；此外，三重也是臺北盆地內重要蔬菜栽種區。因此，鐵路開通除使三重地區香花、蔬菜的運銷更為便利外，也彌補以往效率低、載量少的船渡作為運輸工具的不足。

　　由於臺北至新竹間的鐵路，在設計與施工上，均有瑕疵⓬。因而在日人據臺之初，即有改良既設鐵道之計⓭。但計劃修改路線，只是些微更動：從大稻埕經千秋街外側（今西寧北路以西）北行至德記洋行附近跨越淡水河，進入菜寮莊（今三重菜寮），到達五谷王莊（今二重五谷王里）之前與原線會合。在打類坑與龜崙嶺間，則新開隧道、築路堤，大抵仍照原線進行⓮，並無另闢新道經板橋至桃園的意思。

　　明治三十年（1897）八月，因颱風侵襲，淡水河木橋遭洪水沖毀⓯，海山口附近的鐵道流失，龜崙嶺的路堤也崩塌，造成全線停車。職是之故，日總督府乃於明治三十二年（1899）決定大幅度修改基隆至新竹段的鐵道路線。其中變動最大的部份即為大稻埕至桃園段⓰，改經艋舺、枋橋（板橋）、橋林庄（樹林）、山子腳庄（山佳）、茶山庄、鶯歌石庄（鶯歌），而至桃園（今西部縱貫線），並於三年後完成⓱。究其更動原因，據《臺灣鐵道年報》第一回的記載為：㈠淡水橋幅廣，船舶來往頻繁，必需

設置活動橋，定時開閉，新線無此顧慮。㈡淡水河岸至打類坑七英哩之地，正處於水害中心；海山口（新莊）附近，每逢大嵙崁溪山洪暴發，河岸便漸次陷落，影響路線安全。㈢龜崙嶺太陡，機關車經此只能掛一節車廂，限制全線搬運力⓭。

　　此種解釋，並不周全：淡水河木橋易遭洪水侵害確為事實，龜崙嶺太陡確也造成不便。但原路線三重至桃園段，除龜崙嶺一帶需爬坡外，其餘皆為平原，相當利於鐵路工程進行與火車行駛。但修改後的萬華至桃園段，鐵道的修建除需跨越新店溪外，還需渡過大嵙崁溪，在山佳與鶯歌段還需穿鑿山洞建築（茶山隧道），因此鋪設路線所花費的成本均較原路段來得高，且新設路線還較舊線長了兩哩⓮，日總督府仍毅然予以改線，其原因應不止於上。

　　鐵路的設置，在清代的臺灣，若如劉銘傳的奏疏所言，則政治與軍事功能實較商業機能來得大。日人據臺後，總督府對臺灣鐵路的建設，為求儘速貫徹全島統一，基本上仍抱持相同觀點。全島既已統一，鐵路運輸的商業價值，亦不容輕忽。因此，臺北至桃園段鐵道路線的更改，據筆者推估，實有發展臺北附近商業型都市而設的可能。日本據臺後，曾明顯將臺北各鄰近市鎮劃分成各種機能，且有計劃地就其機能發展都市⓴。當時的三重、新莊、蘆洲、五股等地，主要被規劃為工業用地，而板橋、淡水、士林、北投、松山等處則被規劃為商業地區㉑。從當時這些臺北近郊商業地區，非經過縱貫線即經過北淡線㉒的事實看來，大稻埕至桃園鐵道的更改，發展商業都市機能而行的可能實較政治與軍事機能來得大。另外，從日人對板橋的都市規劃中，也可發現其都市計劃偏向於住家和交通區位，產業機能反倒是其次㉓，且

新線所經街庄，如板橋、鶯歌、樹林等，均有富裕農、礦產品❷。
因此，臺北～桃園段鐵道路線的更改，應是日人本之於政策性中
的商業考量。

圖4-1-2　基隆新竹間新舊鐵路線路圖

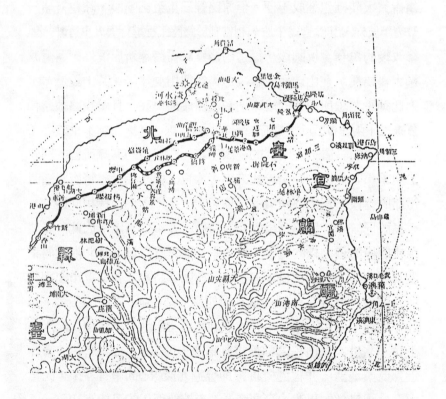

資料來源：臺灣總督府鐵道部編，《臺灣鐵道年報》附圖，第一回，
明治32年。

　　舊有的鐵道路線雖經過三重，卻因此而產生兩個問題：一是三重有無設站問題；二是淡水木橋上鐵路運輸情形如何？關於前一問題，據日總督府鐵道部所編《臺灣鐵道史》的記載，三重初期並無設站❷，但同時期多幅圖片顯示結果，卻又傾向於有設站的實情❷。另一記載亦述及：「此一木橋（指淡水木橋）僅供人馬通行，火車抵岸即停，人貨徒步過橋，在對岸另上別列火車，採『接駁』方式通行」❷。若此說法屬實，則鐵路兩岸設站的可能性必大大提高，否則如何採接駁？又如何在對岸上別列火車？

　　事實上，在清領時期，三重一地並無設站，但在左、右兩端的臺北與新莊卻分別設有「大橋頭」與「海山」二站。這對於居中的三重埔居民，實構成不便，無論往東或往西搭乘，皆得走上

圖4-1-3　「淡水橋」臨時火車站

圖片來源：《臺灣三百年》，頁169。

一段路程。明治二十八年（1895）九月三日，因連日暴風雨，聯絡兩地的淡水河橋樑遭洪水破壞，臺北新竹間列車不通，因此在三重一地（興直堡大竹圍庄）設臨時火車站❷，名爲「淡水橋」站，以取得聯絡，次年一月橋樑修繕略成，又將此一臨時車站關閉❷。

　　至於後一問題，火車運輸採兩岸接駁方式，而不逕行通過，可能考慮此一橋樑的載重量，不過在效率上，實大打折扣。火車究竟有無通過此橋，說法仍不一，據《臺北市發展史》的記載：「火車抵兩岸橋頭停止，再由大船搬運連接其間。」❸但另有一反證，據傳教士馬偕所著《臺灣遙寄》中的記載：「在大稻程，跨越河上的火車，利用長達1,464呎的鐵橋。」❸說明火車應是跨越江上而過，而無人、貨需上下火車過橋的情形。原來二者在記錄時間上有所差別，方有此一誤解。馬偕的說法，是一般平時鐵路的運輸情形，至於《臺北市發展史》的說法，則僅限於明治三十年後至改線間的情況。由於明治二十八、九年間的幾次暴風雨，使得淡水河木橋因腐朽加甚，火車通過有安全顧慮，所以在明治三十年元月，又重新使用三重一地之臨時車站，並備有機關車，以供輸運。自元月十六日起，由臺北發之列車在淡水河右岸適宜處停離，旅客下車徒步橋上而列車以手推過橋，於左岸旅客再上車以備之機關車輸送之❸。

　　三重在鐵道路線更改後，雖不若新莊般地受到商業發展上的強力衝擊❸，但也對本區發展產生一定限制。鐵路改走板橋後，日總督府爲聯繫臺北至桃園、中壢等要地交通，因而將原三重埔鐵道路基闢建爲西部縱貫公路（臺一道）的一部分，除公路之外，其

時臺北製糖株式會社為便利原料輸送，乃在明治四十三年（1910）八月，又沿著原鐵道鋪設大稻埕至和尚洲之輕便鐵道❸。至大正十四年（1925）時，日人將淡水河木橋改為鐵橋，並命名為「臺北橋」，直到今日，當淡水河退潮時，仍可在臺北橋西側橋下看見清朝所建的木橋遺址❸。

　　鐵道路線的更改，雖使三重發展多受滯礙，且延後成為繁華市鎮的可能，但慶幸的是：公路鋪設與橋樑興建，已為往後規劃交通設施時所著重之點。

二、水　　運

　　早期臺北盆地的交通，多以水運為主，淡水河是最重要的通航河流。嘉慶末年因上游之中港街（今新莊）淤淺，喪失舟運之利，淡水河航運終點乃移至艋舺❸。迨至咸豐三年（1853），艋舺因「頂下郊拼」起，雙方損失不貲，加以民性保守，排外思想濃烈，外商無法立足，此段淡水河道日漸淤淺，商務終為下游新興之大稻埕所取代❸。由於大稻埕漸為興盛，對岸之三重乃依此而多所發展。時北臺陸路交通不甚發達，且淡水河兩岸間又無橋樑可通，故水運大興，船渡便成為最重要交通運輸工具❸。當時船渡大致可分為官渡、民渡與義渡三種，據《淡水廳誌》記載：同治年間，在三重鄰近的船渡應有滬尾溪渡、關渡口渡、獅頭渡、塭仔渡等處❸，大致上是新莊、滬尾、艋舺與和尚洲等地的交通路線，但因三重還是個小規模農業聚落，故當地並無渡口。迨至日據時期，因淡水河上游嚴重淤積，大稻埕已取代艋舺成為臺北物產集散地，三重與大稻埕往來更形密切，兩岸間的船渡乃應運而

生。

　　據日據時期昭和年間記載，時三重與臺北交通往來，除原有鐵路經過之臺北橋外，最主要即「渡船」的往來。時淡水河上多有小型蒸氣帆船來往其間，三重這邊的「橋頭港」便是船渡要站❹；對岸渡口則是「大橋町渡」❹，當時兩岸間帆船點點，熱鬧非凡，一早就有澎湖來的船隻載著漁產在臺北橋兩岸兜售❷。此外，還可看到載客用的手搖式「鴨母船」❹、小郵輪（澎澎船）❹與沿著河流收集民戶之水肥，然後運送到蘆洲、北投一帶販售的「水肥船」❹。總計每日均有一、二十艘船停靠在臺北橋兩側❻。後因淡水河上游泥沙大量沖刷，河道淤塞，民營小汽船常因水流潮汐與河底流沙移動等因素，而告擱淺❼。光復後，又因陸路交通發達，橋樑工程競舉，淡水河航運漸失，津渡之設亦成歷史名詞❽。

圖4-1-4　淡水河水門旁的鴨母船

圖片來源：《臺灣懷舊》，頁110。

淡水河對三重居民而言，雖有水利之便，但卻構成與臺北聯絡的天然障礙，且也使得三重多停留於農業階段。後因公路舖設與橋樑興建，才使得三重、臺北和其他鄰近市鎮間，得以有較密切聯繫，工商業因而展開。

圖4-1-5　淡水河旁的渡船

圖片來源：《人間》，第37期，頁12。

圖4-1-6　淡水河水門外的帆船

圖片來源：《攝影臺灣》，頁86。

三、公　路

　　關於本區公路的修築，最早的一條幹道係明治三十六年（1903）開闢，由臺北橋頭通往蘆洲的道路。其實此條通路在明清時代已有，且可一直通至八里鄉❹。後因年久失修，路面破損不堪，日總督府在昭和元年（1926）再加以拓寬。由於此路段爲聯結三重、蘆洲（舊名和尙洲）二地的道路，故命名爲「三和路」❺。

大正初年，在臺北橋尚未完成前，已有「新莊汽車公司」在此路線上營運❺❶，臺北橋完成後，臺北、蘆洲間的往來，更多依賴此道路❺❷。此路段的開通，不但促使三重、蘆洲二地的交通更爲便捷，也使三重鄰近市鎮如五股、八里、林口等地，能依此而進入三重或臺北市區。

　　另一條主要幹道，便是聯絡南北的縱貫公路。此路段在三重名爲「重新路」（三重～新莊），向東經臺北橋可聯絡臺北；向西，則與新莊縱貫線上的中正路接攘。清領時期，雖然已有從竹塹（新竹）開通至新莊的道路，惟因當時多依賴淡水河運，陸運不甚發達，故未能貫通至三重。此路段後於大正十二年（1923）修築，　兩年後竣工，並於昭和十七年（1942）鋪設混凝土路面，全長計有10.4公里，是本市商業區分佈最密集的路段❺❸。

　　原來日本政府對道路規劃相當重視，早在大正十三年，臺北州署即已訂定北臺部份的道路計劃，此一計劃大致可分爲三期：第一期是以臺北爲中心，拓寬鄰近道路。第二期爲各道路附屬之橋樑、暗渠、涵洞之改築。第三期則爲鋪設柏油路面❺❹。所以前述三重境內的三和路、臺北橋與重新路的即依此計劃而修築。

　　三重受臺北都市化影響而繁榮，市街起初便循此兩條道路（三和、重新）成直線發展。尤其縱貫線上的重新路，商家更是呈一字型延伸，以後因繁榮而新興的街道，則多呈縱向分佈：如中央南北路、大同南北、忠孝、重陽、龍門等路。這些新闢街道，主要是市區內的聯繫，至於與其他四周鄉鎮的聯絡，除有少數縣、鄉道外（見下表），仍多依賴主要幹道❺❺。

圖4-1-7　三重市街圖（民國72年）

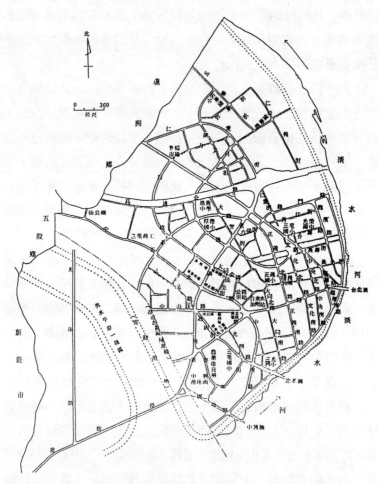

資料來源：江雅美，〈三重市的人口決策及遷移過程之研究〉，
　　　　　民國72年7月，頁14。

表4-1　　臺北市縣縣鄉道狀況（三重部份）

起　　　　　　點	訖　　　　　　點	長度(km)	開築日期	備註
三　重	龍形	10.1	光緒29年	103　線
桃園縣市(赤塗崎)	茱寮	16.1		107　線
分仔尾	二重埔	5.0		
永安	三重市	2.8		
中興	蘆洲	4.7		
德林寺	保佑村	5.0		經溪墘
二重埔	臺北(中興橋頭)	2.8	民國47年	

資料來源：陳俊編著，《臺灣道路發展史》，交通部運輸研究所印行，
　　　　　民國76年10月，頁710～713 。

四、橋　　樑

　　三重與鄰近市鎮多有陸路相連，惟獨對臺北市的連接，受淡水河之阻。由於三重（甚或其他鄰接市鎮）與臺北的往來及需求頻繁，因而，跨淡水河修築以供二地聯絡的橋樑，便愈顯重要。關於聯繫三重、臺北二地的橋樑，最早一座名為「淡水木橋」，此橋原為臺北至新竹段鐵路的部份路基，於光緒十五年（1889）開始修築，同年七月竣工。由於經費問題，當時祇建造一鐵、木混合橋樑，橋長計有1,498呎，共有46個橋孔。橋面既通火車，亦為往來兩岸人、馬通行要道，日人伊能嘉矩就曾述及：該橋由臺北通南海山口，敷設軌道之外，兩側別設有人行道，其寬足可通輿馬❺❻。

　　橋上靠近北端處（大稻埕），建一鐵懸橋，每日依時懸放數次；懸時，橋下的河面可讓出一條闊約32呎的水道，以容較大的

舟楫通行❺。明治三十年（1897）八月的兩次颱風，將此木橋沖毀❺，後雖先架設木橋，以供通行，但繼來的颱風又將其摧毀❺。日總督府乃於大正十年（1921）九月於原址重建鐵橋，並命名為「臺北橋」，歷時四載，此橋終於在大正十四年（1925）六月竣工。計橋長434.55公尺，寬12公尺，為一鋼筋混凝土建築，總計工程費為144萬日圓❻。由於此橋跨淡水河修築，「長橋臥波，顯現於水雲間」❻，風景異常優美，當時臺北八景之一的「鐵橋夕照」，即指此處❻。光復後，此橋在民國四十九年與五十八年先後經兩次整修❻，即一直維持運作，但因過於老舊且為連接臺北市環河高架道路起見，已於民國八十一年予以改建。

　　由於臺北橋的負荷過重，且為防空疏散政策所需，省政府乃於民國四十五年十一月修築連接三重、西門鬧區二地之「中興大橋」。此橋於兩年後開通，橋長計1,055公尺，橋寬有14.5公尺，時為遠東最長的預力混凝土大橋❻。據載：此橋主要因軍事等因素而興建，但因總工程費為三千萬元，臺北縣政府奉令需負擔一半，因無力告貸，乃經議會通過，收取工程受益費❻。此例一開，成為往後各橋樑工程受益費徵收的先驅，民國七十五年此橋曾發生斷裂，後建新橋。

　　民國六〇年代，為求臺灣經濟建設發展，貫通全省南北二地的高速公路開始修築，當中跨淡水河，連接三重、臺北二地的工程，稱之為「淡水大橋」。民國六十三年七月底高速公路先行通車三重至中壢段，六十五年雙十節，三重至臺北段開通後，此橋才開始運作❻。近年來，三重至圓山路段，因湧入臺北市區的車輛增多，顛峰時間常有嚴重的塞車情形發生。

圖4-1-8　日據時期之淡水河鐵橋

資料來源：三重市公所編印，《美麗三重》，民國82年8月，頁5。

　　光復後，橋樑競舉，且臺北市中心已移至以火車站為首之地段，為疏解三重原有臺北、中興二橋日益嚴重之負荷量，且為聯絡三重與臺北市中心二地起見，省府乃於民國六十七年七月興建一「忠孝大橋」。此橋在四年後後通車，橋長計2,098公尺，寬則為31.5公尺❻。二省道開通後，由桃園、中壢等地往臺北者，多利用此座橋樑。

　　此外，由於七〇年代後，臺北市郊區的發展，一日千里，為能與郊區取得聯繫，乃興建一「重陽大橋」。此橋為三重、蘆洲等地溝通臺北北區北投、士林、陽明山等地所建之橋。全長計有

905公尺，寬則20～40公尺不等，於民國七十五年四月開工，至民國八十年元旦正式通車❻。

綜上所述，與臺北方面的聯絡，多依賴上述五座橋樑。而在三重內部方面，由於各里間（尤其二、三重埔間）多受颱風洪水影響，沼澤遍佈，不易通行。因此，架設便橋之舉乃大為興盛❻，其中最重要者當推聯絡三重與新莊二地的二重疏洪道橋－「重新大橋」與「第二省道洩洪橋」（即中山橋）。此二橋在二重疏洪道的規劃完成後，才開始興築，前者於民國七十二年七月開工，並於民國七十四年六月通車；後者則於民國七十五年六月通車❼。

從以上各橋樑的興築年代中，我們不難得知：在光復前，橋樑建設並不重視，蓋當時河運發達之故，光復後，橋樑工程才日漸展開。而從各橋樑的開通中，可看出三重除與各鄰近市、鎮的聯絡更為便利外，彼此間的依存關係，亦相形密切。此外，從三重跨淡水河岸與臺北溝通五座橋樑之興建年代中，亦可推知臺北市部份空間發展順序：例如從清朝、日據時期的大稻程與萬華的商業繁榮，至光復後以臺北車站為中心的情形以至民國六、七○年代臺北市郊區的快速發展等此一主軸，皆可從三重對外橋樑的開通中，窺知一二。

總之，公路的修築與橋樑的興建，使得三重無論在市區內聯絡；甚或與臺北間的往來，都來得便利。由於鄰近鄉鎮多需經本區而進入臺北，這也使得三重地區的交通與地理位置更顯重要。

圖4-1-9　臺北大橋

圖片來源：《美麗三重》，頁19。

圖4-1-10　重新大橋

圖片來源：同上圖。

圖4-1-11　忠孝大橋

圖片來源：同上圖。

圖4-1-12　重陽大橋

圖片來源：《同上圖》，頁18。

註　釋

❶　李國祁，《中國現代化的區域研究—閩浙臺地區，1860～1916》，中央
　　研究院近代史研究所專刊（44），民國71年5月，頁1 。

❷　見S.N.Eisenstadt著，嚴伯英、江勇振譯，《現代化：抗拒與變遷》，
　　臺北：黎明文化事業公司，民國71年2月，頁5。

❸　見尹章義，《新莊發展史》（新莊市公所印行，民國69年7月，頁53）。

關於劉銘傳此段話的原文摘要如下：「……至如築造鐵路之便，除驛遞、開墾、商務之外，尚有益於現今臺事者三，請略陳之：臺灣四面皆海，防不勝防，基隆、滬尾、安平、旗後四港，現雖建造砲臺，駐兵防守，而新竹、彰化沿海一帶，港汊分歧，一旦有事，敵兵上陸，南北隔絕，全臺立危；若築造鐵路，則調撥軍隊，朝發夕至，是其便於海防者一也。臺灣既建一省，選擇省城，控制南北；其地襟山海，最為適當；然距海較遠，將來建築街署廟宇，鳩工治材，運輸不便。若鐵路開通，則商業可致繁勝，是其便於建省者二也。自臺北至臺南，計程六百里，中多巨溪，春夏之際，山水暴漲，行旅過絕，臣今擬大小各溪上流窄處架設橋樑，通算工費需銀三十萬兩。今若許准建築鐵路，則此橋樑二十餘條一齊興工，可為朝廷節省大欵，是其便於臺灣工事者三也。」見《劉壯肅公奏議》，臺灣文獻叢刊第27種，第2冊，臺灣銀行經濟研究室，民國47年10月，頁269～270。

❹ 由於經費問題，跨越三重、臺北二地間的淡水河大橋，未能依照洋工程師的計劃，祇建造了一座鐵、木混合的大橋。鐵橋的設置有懸起的功能，以便橋下的舟楫通行。見吳鐸，〈臺灣鐵路〉，收錄於包遵彭等編，《中國近代史論叢—自強運動》，臺北：正中書局，民國70年8月，頁184。

❺ 臺灣總督府鐵道部編，《臺灣鐵道史》，上卷，明治44年（1911），頁259。

❻ 吳鐸，前引文，頁184。

❼ 臺灣慣習研究會編，《臺灣慣習記事》，第二卷，第一號，「光緒19年11月邵友濂跪奏為臺灣鐵路至新竹工程告竣摺」，（臺北：古亭書屋翻印本，民國58年9月，頁45）。

❽ 池志徵，〈全臺遊記〉，收錄於臺灣文獻史料叢刊第九輯，177 冊，《臺灣遊記》之一，臺北：大通書局，頁6。

❾ 〈臺遊筆記〉，收錄於文獻叢刊第216種，《臺灣輿地彙抄》，臺灣省文獻委員會印行，頁102。

❿ 如從臺北大橋頭乘轎至新莊，需轎資四～六角不等，但乘坐從臺北至新竹的三等火車票，也祇不過三角三分而已。由此可知，當時的火車票價相當便宜。

⑪　尹章義，前引書，頁56。

⑫　如「鐵路用地之徵用，因惑於風水之說，或謂祖業不能割讓，有言火車行駛過，煙煤毒人稻穀不生，而於路線設計勘察之初，行賄勘測人員，務使避經其田廬墳墓，既定之後，仍多方設法阻撓，致使原定路線一再修改。」見王月鏡主修，《臺北市志・經濟志》，卷6，「交通篇」，臺北：臺北市文獻委員會印行，民國77年12月，頁16。

⑬　《臺灣鐵道史》，上卷，「既設鐵道改良線」，頁166～167。

⑭　《臺灣鐵道史》，上卷，「臺北中壢間改良線」，頁454～457。

⑮　《臺灣鐵道史》，上卷，頁45。

⑯　黃金土主編，《臺北古今圖說集》，臺北：臺北市文獻委員會印行，民國71年6月，頁161。

⑰　《臺北市志・經濟志》，卷6，「交通篇」，頁37。

⑱　臺灣總督府鐵道部編，《臺灣鐵道年報》，第1回，明治33年（1900）出版，頁10～13。

⑲　舊線長17哩（約等於28公里，1哩＝1.61公里，80鎮＝1哩），見江慶林譯，《臺灣鐵路史》，上卷，臺中：臺灣省文獻委員會編印，民國79年6月，頁33。

⑳　蔡采秀、章英華，〈國家與地方都市的發展：以板橋爲例〉，「臺灣民主化過程中的國家與社會學術研討會論文」，民國81年3月，頁11。

㉑　臺北市役所編，《臺北都市計劃書》，昭和16年（1941）出版，頁25～30。

㉒　北淡線的火車在明治34年（1901）竣工，長21.2公里；大正5年（1916）復自中途站北投展築至新北投，長1.2公里。見陳正祥，前引書，頁669。

㉓　板橋市公所編印，《板橋市志》，民國77年，頁471。

㉔　同⑰。

㉕　江慶林譯，前引書，頁155。

㉖　據《臺灣鐵道年報》第1回所附的鐵道路線圖中所示，三重設有一「淡水橋」站；另據「清光緒21年臺北及大稻埕及艋舺略圖」中，亦可看出三重有設站及部份鐵路支線等。

㉗　黃天鮮主編，《臺灣三百年》，臺北：戶外生活圖書公司，民國75年5月，

頁156。

㉘ 臺北廳總務課編、陳榮弓垔譯,〈臺北廳志－明治三十六年(下)〉,《臺北文獻》直字第100期,民國81年6月,頁154。

㉙ 江慶林譯,前引書,頁156。

㉚ 王月鏡主修,《臺北市發展史》㈠,臺北:臺北市文獻委員會編印,民國70年10月,頁70。

㉛ 馬偕著,林耀南譯,《臺灣遙寄》,臺灣叢書譯本第五種,臺中:臺灣省文獻委員會印行,民國48年3月,頁132。

㉜ 江慶林譯,前引書,頁156。

㉝ 鐵道路線改走萬華、板橋,這使得原路線的新莊商業機能,大幅衰落。據當時人的記載:新莊街的一些商店,如合美號、金益源號等,皆紛紛結束營業,從此販客轉往板橋、大稻程採購,新莊自此失色矣。(見臺灣日日新報,明治35年11月3日,13版,「今昔頓殊條」)而三重由於仍以農業機能為主,因而所受的影響較小。

㉞ 《臺北市志・經濟志》,卷6,「交通篇」,頁42。

㉟ 林育平,〈三重市都市發展及其居民環境視覺之研究〉,臺灣大學地理研究所碩士論文,民國79年6月,頁10。

㊱ 《臺北市志・經濟志》,卷6,「交通篇」,頁20。

㊲ 蘭侖,〈淺談艋舺津渡〉,《臺北文獻》直字第74期,民國74年12月,頁168。

㊳ 臺灣省文獻委員會編譯,《臺灣慣習記事》,中譯本,第一卷(上)五號,「臺灣的橋樑與渡船」,民國73年6月,頁165。

㊴ 陳培桂,《淡水廳志》,卷3,「建置志・橋渡」項,臺灣文獻叢刊第46種,頁52～53。

㊵ 《鷺洲庄要覽》,昭和6年版,中國方志叢書・臺灣地區第223號,臺北:成文出版社,民國74年3月,頁25。

㊶ 蘭侖,前引文,頁169。

㊷ 〈大同區耆老座談會記錄〉賴漢友先生語,《臺北文獻》直字第91期,民國79年3月,頁6。

㊸ 同上註,郭全福先生語。

❹ 同❷。

❹ 〈大同區耆老座談會記錄〉葉朝發先生語，頁7。

❹ 〈大同區耆老座談會記錄〉黃春生先生語，頁5。

❹ 〈大稻埕耆老座談會記錄〉林有來先生語，《臺北文獻》直字第99期，民國81年3月，頁8。

❹ 蘭奮，前引文，頁170。

❹ 陳俊編著，《臺灣道路發展史》，交通部運輸研究所編印，民國76年　10月，頁223。

❺ 《臺北縣志·交通志》，頁4680～4681。

❺ 《臺北縣新聞史料叢抄》，第4冊，大正15年6月12日，「鷺洲庄民要求公共汽車降價」條，頁17。

❺ 《臺北縣新聞史料叢抄》，第13冊，昭和6年2月8日，「臺北成子寮間道路完成自動車開通」條，頁5。

❺ 《臺北縣志·交通志》，頁4718。

❺ 《臺北市志·經濟志》，卷6，「交通篇」，頁30。

❺ 許柏修，〈三重市近十年來成長之探討〉，臺灣大學地理學系研究報告第9號，民國66年，頁126。而三重聯絡五股鄉的道路爲新闢的中正北路，在民國64年，經政府計劃開闢而得。此後，中正北路即與舊有的三和路、重新路，成爲本區聯絡其他市鎮的重要幹道。見江雅美，〈三重市的人口決策及遷移過程之研究〉，臺灣師範大學地理研究所碩士論文，民國72年7月，頁15。

❺ 伊能嘉矩，《臺灣文化志》，11篇，「附錄橋樑」項，東京：刀江書院印行，昭和40（1965）年，頁884～885。

❺ 吳鐸，前引文，頁184。

❺ 臺灣總督府鐵道部編，《臺灣鐵道史》，上卷，頁45。

❺ 遭颱風侵損的此一鐵木混合橋，日總督府曾就原址再新建一木橋，於大正9年（1920）3月13日竣工，橋長共計235間（約4町），是當時臺灣的第一長橋；同年4月3日上午10時舉行開通式。見《臺北縣新聞史料叢抄》，第2冊，大正9年3月13日，「大橋頭架橋竣工」條，頁4右及大正9年4月3日，「臺北橋開通式」條，頁4左。

❻⓪ 《臺北縣志·交通志》，頁4681。又見陳俊編著，《臺灣道路發展史》，頁220、301。

❻❶ 宋幼林、盛清沂，〈臺北名勝古蹟志〉，《臺北縣文獻叢輯》，第2輯，民國72年3月，頁139。

❻❷ 黃天縉主編，前引書，頁168。同治年間，淡北八景爲北臺名勝，聞名於世。後因滄桑變化，天災兵燹，已不復見，但耿介之士，感山川之淪陷，痛異族之宰割，乃託蹟風月，頻創八景之說。如「基隆八景」、「士林八景」、「中和八景」、「大屯八景」等（同❻❶，頁112）。「臺北八景」亦爲此一緣由下的產物。

❻❸《臺北市志·經濟志》，卷6，「交通篇」，頁173。

❻❹ 臺灣省文獻委員會編，《臺灣省通誌》，卷4，「經濟志·交通篇」，民國58年6月，頁395。

❻❺ 臺北縣淡水橋工程處編印，《中興大橋工程報告》，「中興大橋紀念碑碑文條」，民國48年3月，頁Ⅷ。

❻❻ 陳俊編著，前引書，頁378。

❻❼ 洪伯溫，〈臺灣北部地區重要地名今昔釋義〉，《臺北文獻》直字第78號，民國75年12月，頁331。另見陳俊編著，前引書，頁821。

❻❽ 三重市公所編印，《三重埔》，第4期，民國82年1月，頁3。

❻❾ 見《臺北縣新聞史料叢抄》，第33冊，民國40年12月10日，「各地簡訊」條，頁12～13。《臺北縣新聞史料叢抄》，第33冊，民國40年12月30日，「各地簡訊」條，頁51。

❼⓪ 陳俊編著，《前引書》，頁833、847。

第二節 防洪措施

一、水災侵害

臺北盆地內由於地勢低窪，歷來即受水災之苦，尤當淡水河三大支流（大嵙崁、新店溪與基隆河），同時盛漲，潮水上托，則成橫流❶，幾淹沒整個臺北盆地。從縣志記載中可發現：日據時期水災的侵害，幾無歲無之❷，水災不但破壞房舍、農作物，且使鐵、公路等交通為之中斷，損失可說非常慘重。由於淡水河

圖4-2-1 低窪區淹水情形

圖片來源：《人間》，第37期，頁152-153。

上游水土保持未盡理想，三大支流上游多爲林、礦產區，濫伐濫墾的結果，每遇山洪暴發，挾帶大量泥沙，淡水河河床便宣告淤淺❸；而中、下游處所作護堤、排水溝等防治工程亦未奏效，故淡水河中、下游兩岸，如社子、三重、蘆洲、五股等地，每遇颱風帶來豪雨所形成的水災，則整個地區頓時成爲「水鄉澤國」，這從三重一地所受自然災害的情形中即可明顯看出。

日據前期，即因颱風所帶來的豪雨，使得三重惟一對外聯絡的淡水木橋，屢遭沖毀，原經過此區的西部縱貫線鐵路也因而改線，這對三重內部發展與對外交通而言，影響實爲重大。除此之外，洪水漫過田土，對三重境內居民生命與財產，亦構成一大威脅。如大正十五年十月間之洪水，將淡水河西岸三重全區化爲濁流，目睹者還稱之爲「長江」重現❹。昭和七年八月間，此一情形，再度重演，「三重埔方面全部浸水，附近汽車全部停駛。」❺昭和十四年八月間，洪水再度危害，因「淡水河泛濫導致房屋、水田浸水，渡船連絡中止，汽車通行中止，道路崩潰等。」❻

光復後，洪水對三重人民的威脅仍未減輕。由於淡水河上游的水土保持未盡完善，中、下游處易泛濫處又未沿河築堤，因此，一遇豪雨，三重等低窪地便飽受水患之苦，人民生命、財產大受威脅。且因常年積水，使得原本「洪泛區」變爲「沼澤區」，非常不利通行，各里間乃多有架設便橋之舉❼。亦由於洪害情形嚴重，使得三重工、商業發展深受影響，原本設於此區的工廠多遷往他處；居民也常搬住他處，三重終被冠上不適居住之名（當然還有噪音、髒亂等因素）。

水災的侵害造成居民移往他處，這在三重歷次社會人口的消

減上，也可明顯反映出。如民國五十二年的葛樂禮颱風過境，三重人口的社會增加數就較上年減少13.7%。民國五十七年的艾琳颱風過境，人口社會增加數則比去年減少8.2%。民國五十九年的芙勞西颱風過境，人口社會增加數則較其前一年減少 9.1%❽。這些數據（造成三重社會人口移入減少之因）的形成，雖未能全歸咎於洪害，但常年的水災，確使三重發展多受滯礙。

圖4-2-2　葛樂禮颱風臺北盆地淹水區

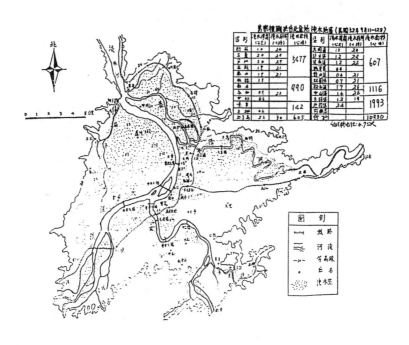

資料來源：石再添等著，《臺北市發展史—自然環境》，臺北市
文獻委員會編印，民國70年12月，頁397。

圖4-2-3　芙勞西颱風臺北盆地淹水區

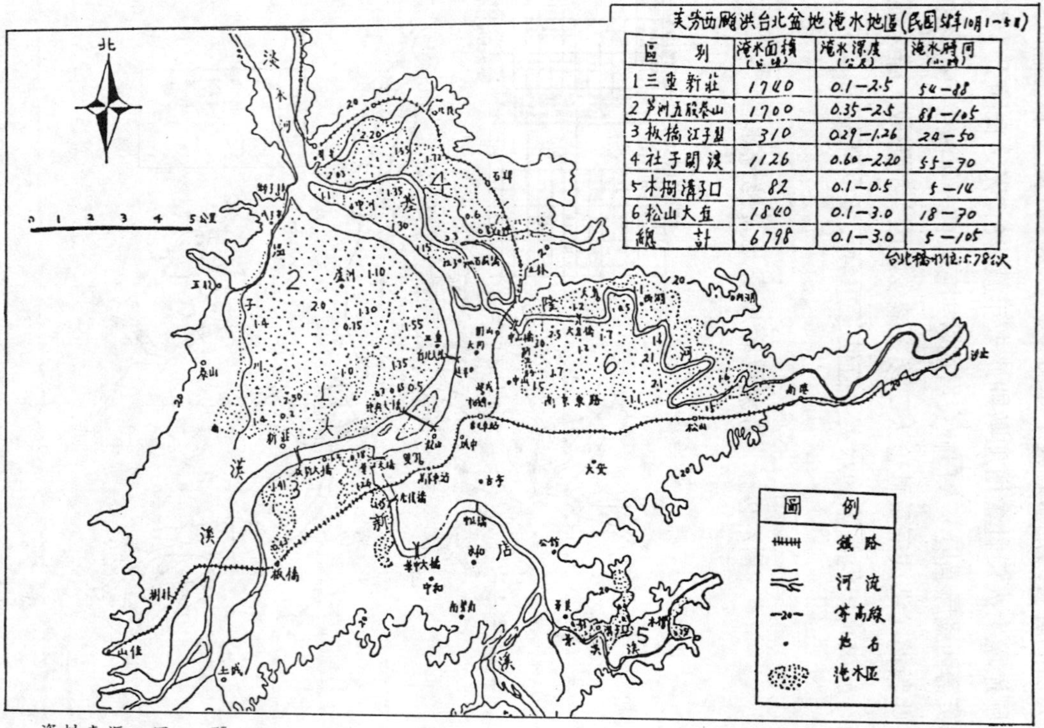

芙勞西颱風洪水台北盆地淹水地區（民國41~44）

區別	淹水面積(公頃)	淹水深度(公尺)	淹水時間(時)
1 三重埔新莊	1740	0.1~2.5	54~48
2 芝村小民鼠山	1200	0.35~2.5	88~105
3 枋橋江子翠	310	0.29~1.26	20~50
4 莊子阿明浪	1126	0.60~2.20	55~70
5 土城阿滑口	82	0.1~0.5	5~14
6 松山大直	1820	0.1~3.0	18~70
總計	6798	0.1~3.0	5~105

資料來源：同上，頁400。

二、日據時期與光復初期北臺的防洪措施

　　水災的危害與影響甚遠，已如前述，若無適當防洪措施與規劃，則水患必是淡水河中、下游低窪地人民之痛。有鑑於此，日本政府早在統治之初即已擬定淡水河系的治水計劃，在上游方面：主要是「森林治水事業」，以「植樹」與「土砂防止」為工程重點，以便作好水土保持❾，此一計劃，原定二十年後完成，惜因太平洋戰爭爆發，此一工程乃告擱置。而在中、下游方面：主要是淡水河左、右岸鄉鎮堤防護岸之修建（見下表）。從表4-2中可清楚看出，堤防及護堤工作早從明治時期即陸續展開，且因防洪工事常受洪水侵害，故多有整修與重建。但防洪工事所在多集中於淡水河東、南岸，西岸之三重、蘆洲等地卻遲未出現。故每遇洪水來襲，受害最厲者，不在臺北，而在對岸之三重、蘆洲。

　　光復後，國民政府有鑑於臺北盆地的洪害嚴重，乃積極對舊有防河工事加以重修、延長或加高。但因臺北為首府所在，故盆地內的防河工事多集中於臺北環河部份，處於淡水河西岸中、下游的三重、蘆洲等地，雖與臺北毗鄰而居，卻一直未受青睞。臺北縣議員早從第二屆議會召開（民國42年），即強烈要求省政府重視這個問題，即早進行三重等地的堤防修築工作❿。但省府所為祇是消極性的治標工作，如添購急難救生艇⓫、增建防洪教室等⓬，治本性的堤防修築，卻遲至六〇年代末期才開始進行。但因所築護堤無論在長度及高度方面均不及對岸臺北，是故在民國五、六〇年間，每遇颱風所帶來之洪患，三重等地仍是受害最厲之地，且因洪害影響，導致三重人口大量外移。

表4-2　　淡水河及其支流防洪工事一覽表

河流別	左右岸	防洪工事	所屬鄉鎮	修築、重補修年代	備　　註
淡水河	右	河溝頭堤防	臺　　北	①1899 ②1913 ③1913、1914	石　造 鋼筋混凝土 *
	左	西盛　護岸	新　　莊	①1919　③1925 ②1920　④1927	**
	左	新莊　護岸	新　　莊	①1922　③1948 ②1925　④1951	**
	右	溪洲底護岸	士　　林	①1933　④1948 ②1938　⑤1949 ③1942	**
大漢溪	右	頂埔　堤防	土　　城	①1897　④1934 ②1913　⑤1951 ③1925	**
	右	江子翠護岸	板　　橋	①1950　②1951	**
新店溪	右	新店　堤防	新　　店	①1925　③1951 ②1949	**
	左	安坑　護岸	〃	①1934	**
	右	溪洲　護岸	景　　美	①1931　②1940	**
	左	社子　護岸	士　　林	①1934	**
基隆河	左	溪洲底護岸	〃	①1937　③1940 ②1939	**
	右	洲美　護岸	〃	①1950	**

資料來源：*　臺北市文獻委員會編印，《臺北古今圖說集》，民國81年6月，
　　　　　　　頁72。
　　　　　**　臺北縣政府編印，《臺北縣志・水利志》，民國49年，頁3419
　　　　　　　～3423。

三、二重疏洪道之規劃與完成

民國六十八年元月，行政院通過「二重疏洪道方案」，三重洪患問題終獲解決。移出此地的人口，因即將擁有堅固的河堤，「回流」的情形亦逐漸增強。由於此方案乃整體性規劃，共包括「疏洪道」、「堤防」及「排水」等三部份，且涵蓋地區亦廣及蘆洲、新莊、五股與三重等地，惟因牽涉範圍過大，故僅能就所論主題三重部份加以說明如下：

(一)疏洪道部份：約略在往昔二、三重埔間分野地帶，興建長7.7公里，寬450公尺的兩道堤防，並將原地面標高四公尺處挖低至三公尺高，以供新店溪與大漢溪的洩洪❸。疏洪道內，非雨季時遍植蔬菜，這也使得三重在工、商業發展外，第一級產業（此指農業）的生產也有所增加；再加上原有的農耕地，終使三重能有年近六千公噸的蔬菜供應北市消費❹。但遺憾的是：此一疏洪道將二、三重隔開，行政區劃上，雖然二重仍隸屬三重管轄，但前者的發展卻遠落於後者，可謂此一疏洪道規劃後的不良影響。

(二)堤防部份：除疏洪道外，淡水河沿岸築堤也是重要工程項目之一。蘆洲與三重地區的護堤總長約9.5公里，此一護堤的興建，對鄰近河岸居民而言：一來具有保護作用，免受水害；二來也為其提供適當的休憩地點。堤防外至河岸處（河川高灘地），三重市公所的規劃原本為：上游區－供自然景觀及蔬菜種植之用；中游區－闢為河濱公園；下游與蘆洲接攘處則置垃圾掩埋場。但此一規劃，除上游地帶大致維持良好景觀外，中、下游處則骯髒破亂不堪。尤其下游的垃圾掩埋場，不但已高如山丘且惡氣沖天，嚴

圖4-2-4　二重疏洪道規劃圖

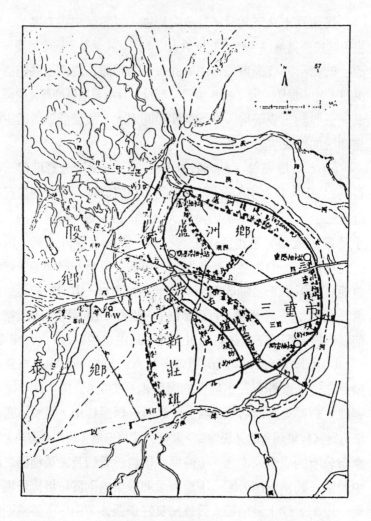

資料來源：石再添等著，《臺北市發展史─自然環境》，頁237。

重污染到淡水河流域的生態與水質。此亦爲三重市公所環保與垃圾兼顧的頭痛問題。

　　㈢排水部份：意即設置排水幹管線及抽水站，將淹水處抽、排水至疏洪道與淡水河中。在此規劃中，三重地區共建有「鴨母港」、「頂崁」排水幹管與「同安」、「重陽」二抽水站❶。

　　總之，「二重疏洪道」的完成，不但解決常久以來三重等地的水患問題，使人民可在此安居樂業，增進工、商業發展；另外也提供一大片蔬菜種植區，使時常混濁的天空，增加一處清新景象與綠色視野。故「二重疏洪道」的規劃，除對三重「工業化」發展有所助益外，也兼顧到現今「環保意識」、「回歸自然」的新現代化主張。近來，更由於環保署八千萬元經費的補助，三重市公所已著手進行綠化河川高灘地工作，希暨將來能一氣呵成，形成觀光遊憩區，獨步大臺北都會區❶。

註　釋

❶　《臺北縣志·水利志》，頁3403。

❷　《臺北縣志·水利志》，頁3404～3405、3407～3408。

❸　淡水河淤塞之因，地理學者已有相當深入的研究，觀點大致相同。可參閱李鹿苹，〈淡水港衰退的地理因素〉，《地學彙刊》，第1期，民國58年5月，頁117。另有耆老們的說法，認爲是金瓜石採礦，泥沙注入基隆河與中法戰爭時，清軍恐法國軍艦駛入淡水河，用石頭投入淡水河口，導致淡水河的淤塞。見〈大稻埕耆老座談會記錄〉林吉崇先生語，《臺北文獻》直字第99期，民國81年3月，頁9。

❹　《臺北縣新聞史料叢抄》，第5冊，大正15年10月10日，「各地風雨害彙報南北電話不通，低地濁流滔滔，淡水河漲水丈七」條，頁 45。

❺ 《臺北縣新聞史料叢抄》，第15冊，昭和7年8月26日，「暴風雨二十四晚各郡被害」條，頁67～68。

❻ 《臺北縣新聞史料叢抄》，第25冊，昭和14年8月14日，「臺北州下河川泛濫」條。

❼ 《臺北縣新聞史料叢抄》，第33冊，民國40年12月10日，「各地簡訊」條，頁12～13。

❽ 江雅美，前引書，頁16。

❾ 《臺北縣新聞史料叢抄》，第24冊，昭和12年5月31日，「新店溪上流森林治水事業事務所落成」條，頁9～10。

❿ 臺北縣議會編印，《臺北縣議會志》，民國66年5月，頁300、329、341、371、373。

⓫ 據筆者小時所見，各里長住家前均備有一木質救生艇，每遇颱風帶來豪雨而形成水災時，由里長、戶政警察、義民等駕駛，沿著各淹水街道，負責物資運補與輸送，且幫各民戶購買糧食或傳遞消息。

⓬ 臺北縣政府公報室編印，《一年來的臺北縣政》，「增建防洪教室」條，民國54年6月，頁36。

⓭ 石再添等著，《臺北市發展史—自然環境》，臺北：臺北縣文獻委員會編印，民國70年12月，頁396。

⓮ 花松村主編，《臺灣鄉土人物全書》，上冊，臺北：中一出版社，民國77年4月，頁283。

⓯ 同⓭。

⓰ 三重市公所編印，《美麗三重》，民國82年8月，頁75。

第三節　文教事業的缺乏

一、光復前的文教情形

　　文化事業的推廣與教育程度的提升，對一地人民的人口品質與生活水準，確有相當大的影響。另據美國歷史學者　E.S.Rawski 對中國人口教育的研究，其認為教育程度的高低與識字率的多寡對現代化的開展，確有不可或缺的助益❶。因此，如何加強教育的普及、落實教育政策的推行與縮小城鄉間教育資源的差異，無疑應為政府所側重。

　　清領時期，由於移墾社會關係，來北臺拓墾者，除領導階層多為科舉出身的士紳或地主、富農外，實際拓墾者幾多為目不識丁的小農，而清廷對臺灣的教育設施，起初又不甚積極❷。是故在清中葉前的整個北臺文風並不盛行，爾後因經濟條件的改善、價值觀念的轉變及崇尚科考緣故，文教機構的設置才逐漸普遍。

　　時臺北盆地內的文教機構，大致可分為私塾、義學、書院及府縣儒學四種，前二者乃初等教育；後二者則為中等以上的教育機構❸。三重由於仍為農業聚落，人口稀少，街市尚未成形，是故境內並無任何文教機構可供子弟教育之用，連帶的文風亦不普及。而有志於科考者，則需轉往對岸臺北三市街及稍北的大龍峒的義塾受業。

　　迨至同治、光緒年間，由於北臺地方逐年發展，民學日臻興隆，文風益為盛行，私人設帳授徒的情形亦逐漸增加，其中尤以板橋林家（林本源）與大龍峒陳家（陳維英）為最❹。在其教導

圖4-3-1　清領時期的書院

圖片來源：《臺灣三百年》，頁361。

圖4-3-2　臺北大稻埕學堂

圖片來源：同上。

下，不但盆地內獲得科考功名的人數明顯增加，文風影響所及，連偏僻、人煙稀少的三重，在此期間內，亦出現兩位貢生（李種玉）與舉人（蔡丕基）❺。

總之，三重雖由於人煙稀少，境內毫無文教機構的設置，但因北臺文風影響所及，陸續產生一些士紳人物，爾後因移入人口的增多與日本政府對教育的著重，三重居民的文化教育程度才大為提升。

日人據臺後，為求貫徹殖民統治政策，乃在文教機構方面多所設置，其中尤以初等教育為最。最明顯者，乃在全島普設公學校，作為兒童的教育機構。而從公學校的課程內容看來，除日文一科，有殖民政策傾向外，其餘科目多在訓練兒童體能與生活上所需普通的智識技能❻。而對公學校的畢業生，亦著重其技職上的訓練，分為農、工、商科，使其能熟知產業事項。日人所設的公學校，原本就學率並不高，但因「皇民化」政策所及，公學校乃取代傳統私塾成為本島學生最主要的初等教育機構。

北臺的文風，雖緣自於清領時期，但日人的貢獻卻不容忽視。這從三重一地的情形看來，亦可明顯得知。日據時期，三重人口祇不過一萬人左右，且多停留於農業型態，但日本政府在三重仍設有二、三重埔公學校與五穀王分教場，兒童就學率年年提高。至昭和十年（1935）時，男女平均就學率已達53.56%❼。而在社會教育方面：同風會、主婦會、青年教習所、講習所等皆陸續設置❽，文教設施的經營相較於清領時期而言，確有大幅的進步。因此，若暫時褪去日本政府「殖民教育」的色彩不論，其對教育事業的提倡，是該給予正面的肯定。

二、光復後的文教情形

　　光復後，國民政府基本上承繼日人所遺留下的教育體制，無多大變革，但其中國民義務教育的延長年限，卻對本島人民產生相當良效。由於義務教育的普遍性與全面性，使得各地區的國中、國小數量激增，人民基礎教育的養成，總算有了適當的規劃與安排。三重由於人口擴增緣故，轄區內的國民學校也相對增加，文風似有興盛根基❾。但雖有數倍於日據時期之教育機構，卻未見文風成效，三重反被譏爲生活品質低落區，何以致此？據筆者認知，造成此現象要因乃在於：㈠此區人口教育程度較低；㈡中央與地方

圖4-3-3　光復初期的小學生

圖片來源：《人間》，第37期，頁32。

政府對文教事業的輕忽。

在此區人口教育程度方面：如下表所示，民國三十七時，高
中程度者僅佔0.61％；大專程度者更祇有0.2％。至五十七年時，
高中程度者雖提升至10.3％；但大專程度者仍祇有3.3％而已。
這些數據反映出：三重地區不識字與僅有國中畢業者，仍佔總人
口數大部，人民教育程度的普遍低落，所以使得三重相較於鄰近
市鎮而言，難有較高的生活水準與居住品質。

表4-3-1　四市鎮15歲以上人口按大專與高中程度分配百分比
（民國37～57年）

地　　區	大　專　程　度			高　中　程　度		
	37年	47年	57年	37年	47年	57年
三　　重	0.20	2.53	3.30	0.61	6.17	10.30
永　　和	0.29	12.70	16.63	2.46	5.86	19.28
新　　店	0.23	6.74	10.20	1.06	9.33	19.38
淡　　水	0.52	2.02	3.84	2.39	5.18	9.16

資料來源：龍冠海，〈臺北市郊區四市鎮之人口結構與變遷之研究
（三）〉，民國59年7月，頁140。

另從表4-3-2中亦可看出，在民國四十～六十五年間，三重
人口中有不識字及至國中畢業者，佔百分之八十強，高中以上程
度者卻不到百分之二十，到民國七十八年時，高中程度以上者仍
不到百分之三十。表面上，雖因三重地區父母親的教育程度過低，為

表4-3-2　三重市民教育程度變化表

		高中(含)以上	初(國)中	小學(含自修)	不識字
40年	人	1,168	1,694	14,239	13,929
	%	3.8%	5.4%	45.9%	44.9%
45年	人	4,613	5,607	29,538	16,313
	%	8.2%	10.0%	52.7%	29.1%
50年	人	6,571	9,623	37,869	16,018
	%	9.4%	13.7%	54.0%	22.9%
55年	人	16,161	23,518	63,810	10,147
	%	14.2%	20.7%	56.2%	8.9%
60年	人	24,705	20,265	77,036	24,031
	%	16.8%	13.9%	52.8%	16.5%
65年	人	39,192	39,776	136,432	25,808
	%	16.2%	16.5%	56.6%	10.7%
78年	人	97,033	67,356	145,608	19,569
	%	29.4%	20.4%	44.1%	5.9%

資料來源：①據《臺北縣統計年報》，《臺北縣統計要覽》
　　　　　各年度資料統計而得。
　　　　②林育平，〈三重市都市發展及其居民環境識覺之
　　　　　研究〉，民國79年7月，頁30。

家中經濟著想，常要求子女在國中、小畢業後，即從事工作，不再繼續升學，因此才會出現受高等教育人口較少的現象。但事實上，中央與地方政府僅注重國中、小的義務教育，各地區中、高等教育機構與教育資源的普遍不足，亦是三重地區人口教育程度無法普遍提升之因。另在遷移人口的教育程度上，據江雅美在民國六十～七十年間所作的調查研究結果顯示：移入此區者多為不識字或國中、小程度者；移出者卻多為高中、大專以上程度者❿。如此造成三重人口的學歷降低，這對促進三重現代化與都市化而言，無疑是一大諷刺與阻力。

正由於三重人口教育程度的普遍低落，連帶的文化事業與中、高等教育機構皆相當貧乏。市區內迄今僅有一、兩間大型書店（何嘉仁書店，民國八十年開業），兩座圖書館（市立圖書館與田中圖書館，藏書量仍不豐），兩所職校（三重商工、清傳商職）與四所私立中學（金陵、穀保、東海、格致），其他如藝文中心、文化中心等，則付之闕如⓫。

文教事業如此短絀，令人不得不懷疑中央與地方政府到底在這方面下了多少工夫。三重升格為縣轄市迄今已逾三十年，公立的中、高等教育機構仍十分缺乏。就一份研究調查報告顯示：從民國五十～七十八年，三重往臺北就學通勤者的比例，年年增加（見表4-3-3）；非通勤者而在臺北就學的，比例恐怕也不少。此一現象反映出：由於高中以上（含高中）的學府多集中於臺北市或其他鄉鎮，因而三重地區的學子在完成國中教育後，繼續升學者，除少部份進入三重市區內幾所職校、私立中學就讀外，大部份均在臺北市就學，充份顯露出地方中、高等教育機構數量的相差懸殊。

　　教育攸關人民素質甚大，一地文化程度的高低取決於該地人民的教育程度。文教事業的推廣與執行，無疑應是中央與地方政府（尤其是地方政府）的首要之務。爲促進三重地區繁榮與提升該地人民生活品質著想，三重除是臺北蔬菜、原料、勞力的供應地之外，也該注意自身在文教程度上的提升。

表4-3-3　三重市和中心都市關係變化表

	1961～1970年		1971～1980年		1981～1987年	
就業通勤 百分比	臺北 37%	其他 4%	臺北 31%	其他 4%	臺北 25%	其他 4%
就學通勤 百分比	臺北 11%	其他 6%	臺北 13%	其他 3%	臺北 17%	其他 3%
購買高級 品百分比	臺北 77%		臺北 59%		臺北 44%	

資料來源：林育平，民國79年7月，頁42。

註　釋

❶ E.S.Rawski, Education and Popular Litercery in Ching China, University of Michigun Press, 1979.

❷ 如在北臺部份，遲至乾隆11年（1746）才在八里坌設義學一所，但成效仍差。見莊金德編撰，《清代臺灣教育史料彙編》，第3冊，「附錄明志書院府正堂核議條」，臺中：臺灣省文獻委員會印行，民國62年4月，頁956。

❸ 臺北廳總務課編、陳榮彊譯，〈臺北廳志—大正八年㈡〉，《臺北文獻》

直字第105期，民國82年9月，頁222～225。

❹　溫振華，〈清代後期臺北盆地士人階層的成長〉，《臺北文獻》直字第
　　90期，民國78年12月，頁20。

❺　李種玉，三重埔菜寮人，家世務農，光緒17年爲淡水縣學附生，光緒20
　　年甲午，由臺北府貢成均。蔡丕基，三重埔人，爲大龍峒陳維英門生，
　　同治年間舉人。見賴子清，〈清代北臺之考選（下）〉，《臺北文獻》
　　第11、12期合刊，民國59年6月，頁52、58。

❻　臺北廳總務課編、陳榮引譯，〈臺北廳志－大正八年⑵〉，頁231～232。

❼　《鶯洲庄要覽》，昭和10年版，頁16～25。

❽　同上註，頁25～31。

❾　三重地區公立國民學校，計有國小十三所、國中五所（二者數目雖多，
　　但比例仍大）。二、三重國小即原日據時期創設的公學校，二重國小爲
　　明治35年（1902）6月11日所建；三重國小爲大正11年（1922）4月1日所
　　建，二者皆爲此區較早創建的學校。見《臺北縣志·教育志》，頁4941
　　～4942。

❿　江雅美，前引書，頁40～41。

⓫　三重各文教機構，見三重市公所編印，《美麗三重》，民國82年8月，頁
　　46～61。新近成立省立三重高中即將於八十五年招生，可望提升此地文
　　教風氣及延攬區內優秀份子就讀。

第四節　都市規劃的失當

一、日據時期的都市規劃

　　人口大量集中都市，必然會對該都市空間分佈造成影響，若
不對都市加以適當規劃，則不但破壞市容且影響到居住品質。昭

和年間，日本政府有鑑於臺北都市的漸形擴大，乃著手進行臺北郊區的規劃事宜，其目的即是在創造衛星都市，使周圍市鎮能與臺北內城連爲一氣，共同發展大臺北地區。昭和十三年由臺灣總督府工程師中村網主持，開始此一名爲「大臺北區域」的整體性規劃❶。中村的意見，是以臺北內城爲中心，向周圍半徑三十公里處成圈形擴散，每半徑十公里自成一區，各有重要之小型都市，且爲聯絡、發展此一區域，計劃中還詳細羅列了鐵、公路網及運河網的設置。另外，也兼顧到工業、娛樂區域、住宅與商業區的規劃等等❷。三重由於位近臺北內城，且其時有相當大之農耕地，故在此規劃中，多著重在交通網與住宅區的規劃，至於往後所形成之工業區，反倒是當時所未側重的。

其實從另兩項資料中也可看出此一情形，昭和年間三重的市區規劃，多偏向上述交通路線與住宅區二者，工業化的成型，還在後來。如昭和六年，日本政府有鑑於三重地區臺北橋附近人口頻增，逐漸形成市街，因而有市區計劃的推出，這當中即包括新設道路、住宅的組合與決定新路線等等❸。翌年，又因三重埔「菜寮」一地，土地高燥，風景絕佳，且較對岸臺北鐵路旅社附近爲高，乃特別規劃十二萬甲步爲一住宅區❹。而三重爲人所熟知之「工業城市」，卻一直遲至太平洋戰爭爆發，日本政府將原料、設備「疏散」於此，儼然一小工業區，方露端倪。

二、光復後的都市規劃

光復後，三重人口持續增長，原本聚居臺北橋頭一帶，規模較小的人口，逐漸向北、西、南三方擴展，因而帶動整個三重地

區的發展。又因「防空疏散」政策影響，本區工業機能逐漸彰顯，三重發展一日千里，在多種有利的條件下，地緣省轄市臺北的三重，極有可能納入臺北所轄，擁有更多的資源、設施與便利。昭和十二年四月，臺北市與臺北州當局曾對臺北市鄰近街庄合併事宜召開大會，商討結果卻以東區之松山庄為優先❺，至於當時已極為繁榮之淡水河西岸新莊、三重與北區士林等地，則未納入。此後，每遇臺北鄰近鄉鎮之合併，總往淡水河東岸尋去，淡水河西、南岸等地卻是無緣❻。自此，淡水河除是一大天然界線外，也構成北市、縣二處最明顯的地界劃分。事實何以至此？據《臺北市志》的說法：因臺北為戰時首都所在，在國防需兼顧地理形勢與都市設計需求的前提下（如水源利用、適度人口），故決議以新店溪、淡水河為界，納入原陽明山管理局所轄之北投、士林二鎮與原北縣所轄之內湖、南港、木柵、景美等鎮，併為改制後之臺北行政區❼。

　　此種在中央政策主導下的決議，似無可厚非，但若僅以自然形勢、水源需求等因素，來作為鄉鎮合併的註腳，總顯薄弱與不足。這祇從三重一地之未併入北市，即可看出梗概。無論就地緣、交通、勞力而言，三重均是最佳選擇，為何臺北東區松山庄早在昭和年間劃入，西區的三重卻遲未劃入北市所轄。據筆者推估，若要看清此一課題，非得偏重「財政」因素考量不可。

　　日據末期，三重一地發展千里，勞動人口增多，經濟更趨繁榮，已為北臺重要市鎮。若將三重劃入北市所轄，則北縣財政稅收必會短缺，連帶北縣各鄉鎮發展與建設，必遭頓挫。中央政府政策乃是要「均衡」稅收，以繁榮市鎮之財力補足其他發展較為

落後鄉鎮，此種情形與當時極爲繁盛之金、煤礦都市～「瑞芳」未能編入基隆所轄，似有雷同情節❽。而臺北縣參議會在民國三十九年強烈要求省府歸還原陽明山管理局所轄北投、士林二鎮之管轄權，亦是出於此種考量❾。民國五十六年，內政部所研擬有關臺北市改制直轄市後之鄰近鄉鎮合併問題，亦提出若將北縣精華區劃出，則北縣將無法生存的觀點❿。是故，以「財政」的觀點分析、衡量各鄉鎮之合併問題，應爲最佳解釋。另從開闢發展的空間順序看來，淡水河東岸等鄉鎮，由於發展較遲，市街不若西岸鄉鎮之繁亂，故有較佳之開闢與發展空間，此亦可能爲中央政策在擴大行政區時的另一項考量。

　　三重雖未能劃入北市所轄，但成爲臺北縣治所在，卻大有可能。由於北縣原縣址地在臺北市（臺北州樺山町署後街），光復後爲求縣、市分治，縣府乃積極向北縣鄉鎮尋找縣址地⓫。三重由於交通便利，人口繁多，一些建設發展均較他市鎮來得早且完備，故應爲理想縣址所在。是故在光復之際，當臺北縣縣址指調查委員會在進行縣址地的評估與調查時，三重即與汐止、士林、板橋等地同被列名⓬。由於三重擁有較佳的地理條件，在民國三十五年七月，當臺北縣長陸桂祥視察此地時，還向人民代表林文樹等人表示，甚願將縣址遷於此地⓭。同年十二月一日，臺北縣政府果奉令從臺北樺山町移出市區，遷至三重。除民政、建設兩局與地政科暫留原址辦公外，其餘皆遷至三重埔⓮。三重埔失而復得，在縣府人力與財力支援下，各方面建設與市區規劃，似有長足進步與發展契機。但爲時不過一月，在北縣參議會第三次會議的表決下，三重竟以六票之差，敗給十九票的板橋，北縣縣治

終棄三重而取板橋❶。自此，三重在缺乏縣治督導下，面臨嚴重挑戰，各方面的發展也漸落後於臺北周邊的新興市鎮。

　　三重雖與縣治無緣，但若積極規劃市鎮，推動各項建設，應有一番新氣象。但就三重內部市區規劃而言：由於發展速度過快，加以地方政府未推行良好的都市規劃，導致和繁榮成最大對比的是：市街雜亂無章地擴展以及交通的擁擠紊亂。工、商業區及住宅區常混雜不分，導致三重地區居住環境的品質嚴重下降。其實國民政府早在民國四十四年即公佈三重地區都市計劃，其計劃的區域面積有7.25平方公里，幾為三重總面積的一半。而其計劃的內容，則是將這些面積上的土地歸類為街路、公園、綠地、學校、市場、機關用地與分區使用❶。但公佈是一回事，實際執行又不然。據楊萬全、許柏修二位地理學者在民國五十八年與六十六年對三重地區的實地調查顯示：三重都市計劃區的土地利用情形，甚為零亂，各機能區的分佈混雜，紊亂不堪（見圖4-4-1、4-4-2）。據都市分佈的理論模式，其實各機能區或市鎮建築物的分佈，應儘量呈面狀的集中發展，而非點狀或線狀的分散❶。因為祇有如此，才不會使中心與邊緣地帶的發展過於懸殊，而也由於各機能區的分區使用，才可使人民的居住品質有所提升。但三重除部份工業區外，全境內幾多為工廠與住家混合居住形態，嚴重影響居住生活品質。

　　在都市計劃中，除注重建築物、道路舖設及各機能區的分區使用外，其實最重要者乃是注意公共設施與綠地、公園的設置。三重地區的髒亂，自來即為外人所詬病，其實地方政府應負大部責任。由於歷任首長對都市計劃的輕忽，使得三重地區至今仍缺

圖4-4-1　三重都市計劃區的土地利用圖

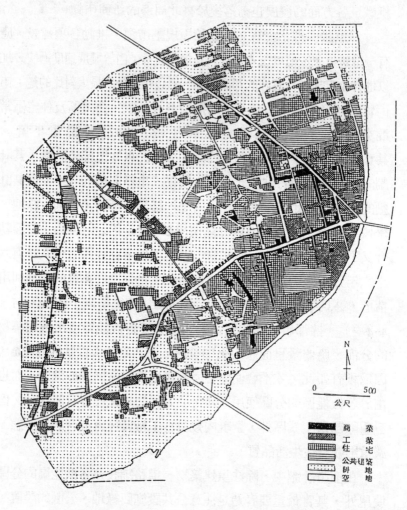

資料來源：楊萬全，〈三重市都市計劃機能區的研究〉，
《地理教育》創刊號，民國58年2月，頁6。

圖4-4-2　民國66年三重市都市計劃圖

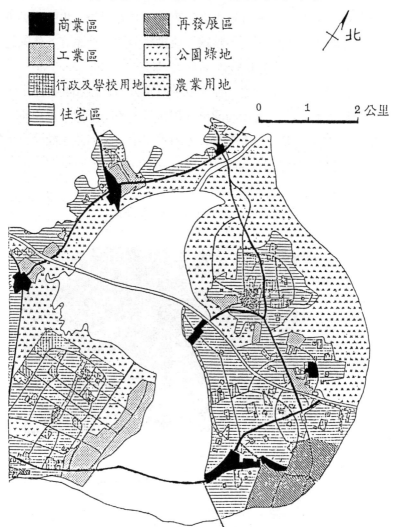

資料來源：許柏修，〈三重市近十年成長之探討〉，民國66年，頁146。

乏休憩、觀光旅遊的據點，市區內除農耕地外，公園與綠地皆難
見及❸。所幸，三重市公所近年來在市長陳景峻先生的領導下，
已著重社區公園的規劃，陸續完成數座公園，增添許多休閒遊樂
去處，此實為三重居民一大福音。

在現今二重疏洪道工程完成多時及人口達飽和的情形下，市
民已無洪患之苦，遷徙的情形亦趨緩和，市公所對三重規劃，尤
需加快腳步，加強都市更新，大力整頓建設，如此才能使三重的
發展一日千里，早日邁向現代化都市的目標。

圖4-4-3　碧華公園

圖片出處：《美麗三重》，頁26。

圖4-4-4 興華公園

圖片出處:《美麗三重》,頁27。

圖4-4-5 福田公園

圖片出處:同上。

註 釋

❶ 《臺北縣新聞史料叢抄》，第24冊，昭和13年4月13日，「來來大臺北(一) 臺灣總督府工程師中村綱大臺北區域條」，頁1～2。

❷ 《臺北縣新聞史料叢抄》，第24冊，昭和13年4月14～20日，「來來大臺 北(二)～(六)」條，頁2～9。

❸ 《鷺洲庄要覽》，昭和6年版，頁39。

❹ 《臺北縣新聞史料叢抄》，第15冊，昭和7年3月20日，「淡水河畔三重 埔計劃發展新住宅地」條，頁47～48。

❺ 《臺北縣新聞史料叢抄》，第24冊，昭和12年4月3日，「臺北市鄰接近 郊之街庄與臺北市合併」條，頁7。

❻ 現今臺北的行政區，大致是從清領時期的各庄轉變而成。初以臺北三市 街與北郊大龍峒爲中心，逐漸向外擴展，故有龍山、城中、延平、大同 等區。後地方改制，再衍生古亭、中山、建成、大安等區。大正九年地 方改制，再併東、西園町爲雙園區，昭和十三年再併入松山庄，依此而 形成臺北在光復後省轄市時期的十個行政區。見臺北市文獻委員會編印， 《臺北市志・沿革志》，卷1，「城市篇」，民國77年6月，頁101～145。 另見《臺北縣新聞史料叢抄》，第24冊，昭和13年4月2日，「松山庄自 一日起編入臺北市」條。

❼ 《臺北市志・沿革志》，卷1，「封域篇」，頁71～72。

❽ 《臺北縣新聞史料叢抄》，第24冊，昭和13年2月13日，「瑞芳之編入基 隆市困難重重」條。

❾ 盛清沂，〈「乙未」以降臺北縣沿革述略〉，《臺北縣文獻叢輯》，第1 輯，民國42年9月，頁92。

❿ 同註❼，頁72。

⓫ 《臺北縣志・大事記》，頁301。

⓬ 〈臺北縣大事年表提要〉，《臺北縣文獻叢輯》，第1輯，民國42年9月， 頁128。

⓭ 《臺北縣新聞史料叢抄》，第27冊，民國35年7月5日，「臺北縣各地簡 訊」條，頁4～5。

⑭　《臺北縣新聞史料叢抄》，第27冊，民國35年12月1日，「臺北縣政府決
　　移治三重埔」條，頁5～6。

⑮　《臺北縣志・大事記》，頁305。

⑯　臺灣省文獻委員會編印，《臺灣土地改革紀實》，民國78年6月，頁211。

⑰　李瑞麟，〈臺灣都市之形成與發展〉，《臺灣銀行季刊》，24卷3期，民
　　國62年9月，頁27～28。

⑱　據前任市長鄭宗藝對其任內市政建設的回顧與展望中指出：三重在都市
　　計劃中的公園預定地，多達三十九處，但可笑的是，到民國66年，三重
　　還沒有一座公園開闢完成，由此可見一般。見鄭宗藝，《三重今昔～一
　　年來對市政建設的回顧與展望》，臺北：三重市公所編印，民國66年，
　　頁25。

結　論

　　三重都市發展的從無至有，從原本臺北大湖底部，至今成爲臺北衛星都市中重要一個，其間的地理與歷史變遷，無不使人有「滄海桑田」之歎。雖然三重的土地形成較遲，開發時間亦晚，但因地理位置的優越性、生態環境的改變、加以移入人口經濟行爲的影響、中央與地方政策主導、對北市依存關係逐漸強化等等，反使三重得以加快其發展步調，形成今日的繁華情景。

　　首先在地理位置方面，由於三重曾陷爲北大湖底部，若無淡水河的淤塞沖積，則三重能否成一陸地，尚屬問題，更遑論其後來發展。在田土盡揭後，由於左、右鄰新莊、大稻埕等地，均爲繁華一時的大市鎮，且位居南北往來交通要道，三重夾雜其中，自可依此而快速發展。

　　清領時期一批閩、粵移墾者以其原鄉的耕作方式與耕種作物，同爲此地展開農業拓墾運動。在水利興修完成，閩、粵族群對立意識減弱，且與原住民的妥協與共識下，住民們終爲此區諦造農業契機。在農業經營項目方面，初期多維生之食糧、園藝作物，如稻米、蔬菜等，伴隨著市場政策需求與土質適用，一些經濟作物與原料如甘蔗、香花等，亦曾在此大爲開展。後因市場需求短少，加上此區移入人口增多，農地多被闢爲建地，經濟作物的栽培乃沒落。

　　日據後，日總督府爲求侵華戰爭與南進政策所需，除增加糧食作物的比重外，亦開始從事各項工業生業與建設。受此影響，此區輕、重工業的發展終可萌芽。至太平洋戰爭末期，由於戰事逼緊，此區又恰鄰近全臺首都緣故，乃成爲原料、物資疏散地，三重自此而漸擺脫其農業地位，轉而衍生出工業的勃興。

　　地理位置的優越，加上國民政府遷臺帶動的移民浪潮與間居民因追求較好生活條件而對城市的嚮往，使得本區人口快速增加。這些因政治因素遷臺的外省移民與因經濟因素遷移此區的城鄉移民，共同構成此區移入人口來源特色，而三重「移民城市」名號亦從此展開。由於移入人口增多，可提供工業發展所需衆多人力資源與市場消費，加上此區地價便宜、交通便捷等因素，因而吸引衆多商家在此設廠。民國四〇年代後，又因國家經濟建設計劃陸續推出，受工業化潮流激盪，使得本區工業發展大爲向前。尤以中、下游所謂零組件工廠，在此區表現尤佳，影響所及，客廳皆可爲工廠，此即三重工業發展的最好寫照。

　　三重雖有良好工業與都市發展條件，惟因太接近臺北都會中心緣故，受其機能擴張影響，依附性各增強，恐怕短期內仍是附屬型衛星市鎮面貌。而此種依附性格，其實早從清領時期即已發生，祇是對象稍有不同。早期臺北盆地內最繁華地乃三重西鄰～新莊，故三重人口與消費多往鄰近新莊地之「二重埔」集中，後因新莊河港功能漸失，淡水河上游乏舟楫之利，才被三重東岸之大稻程取代。自此，三重由西向東轉與臺北聯絡頻繁，與鄰區的接觸雖有所轉換，但依附商業中心的機能卻未見減弱，相反卻因臺北爲首府所在，各項資訊較爲發達，毗鄰而居的三重成爲其附

屬衛星市鎮，爲其提供諸如產品、原料、勞力、交通、土地等多項服務。雙方原本應「共生」發展，但因政治地位差別與中央政策主導，使得三重發展夋受限制。不過，也因此種供給與需求關係，才使得三重成爲臺北都會區重要一員。

　　雖然三重有其優厚條件得以成爲衛星市鎮，但潛藏在內部的隱憂，卻不容忽視。由於此區土地面積有限，外移人口卻不斷湧入，使得人口過度膨脹，因而導致一些嚴重社會問題，諸如市街混亂、暴力犯罪、居民生活素質低落等等。究其原因：乃這些外來人口，視此地爲「第二故鄉」，對人群產生陌生、冷落與疏離，或爲己身工作緣故，常無暇顧及周遭事物，對此地抱過客心態，無法認同，社區文化無法建立，故發展終落後其他新興衛星市鎮。

　　三重給人的不良印象，除一部份爲移入人口特質使然外，其實還緣於中央與地方政府對此區的過度忽視：如市區規劃未盡完善，造成各機能區相互交雜運作，噪音、污染、髒亂叢生；文教事業未普及，造成教育程度低者多移入本區，教育程度高者則常遷往他處。人民教育程度合差異過大，使得三重地區生活水平與素質，較臺北盆地內其他市鎮來得低落。

　　此外，三重自來即爲洪泛區，洪患情形相當嚴重，自二重疏洪道規劃且完成後，才使得本區得以不受水災威脅，工、商業與都市發展因而加速。在人口方面：光復後至民國五、六十年間，移入人口大增的情形業已減緩，亦即人口轉趨飽，現今祇有小幅度的自然增長。但也由於人口一度激增過快，使得原本農耕地區多被闢爲建地（以住宅爲多），耕地面積大幅減少，造成本區農業發展受到限制，雖有年近六千公噸的蔬菜運往臺北都會區內消

費（以臺北市爲主），但盛況不再，代之而起的是——工、商、服務業的普遍成長。這種情況亦說明工業化、都市化是不可阻擋潮流，臺灣各地區鄉鎮未來皆有可能遇到相同情形。

多年前，政府似有意將臺北都會區內的衛星市鎮均劃爲北市所轄，僅一水之隔的三重居民無不樂觀其成。一來中央與地方的經費有別，三重若劃爲北市管轄，則各方的建設均易推行。二來縣轄市升格爲直轄市，不但各種就業、就學選擇機會較多，各項服務也必有改進，最重要的是能平衡二地間生活素質的差距。但該議案至今已懸宕十五年之久，付諸實行之日則遙遙無期。雖爲如此，三重居民仍應有豁達胸懷與長遠眼光，積極健全自我，擺脫不良形象，凝聚社區意識，充實文化內涵，重造一個嶄新都會空間。如此才能因應現代社會之衝擊，也惟有如此才能提早步入現代化都市之林。

參考書目

(一) 一般史料：

《清代臺灣大租調查書》，臺灣文獻叢刊第152種，臺北：臺灣
　　銀行經濟研究室編印。

《臺北州報》，第537號，昭和5年。

《臨時臺灣土地調查書》，1930年。

〈淡水廳輿圖冊〉，《臺灣府輿圖纂要》，臺灣文獻史料叢刊第
　　2輯，臺北：大通書局。

〈臺遊筆記〉，臺灣文獻叢刊第216種，《臺灣輿地彙抄》，臺
　　中：臺灣省文獻委員會編印。

三浦祐之：〈述臺北平原之開拓〉，《臺灣農事報》，第30年第
　　2號。

池志徵：〈全臺遊記〉，臺灣文獻史料叢刊第9輯，177冊，《臺
　　灣遊記》之一。

余文儀：《續修臺灣府志》，臺灣文獻叢刊第121種，臺灣銀行
　　經濟研究室編印。

沈起元：〈條陳臺灣事宜狀〉，載賀長齡輯，《近代中國史料叢
　　刊》，第74輯，《皇朝經世文編》，84卷。

范　咸：《重修臺灣府志》，臺灣文獻叢刊第105種，臺北：臺
　　灣銀行經濟研究室編印。

姚　瑩：〈臺北道里記〉，《東槎紀略》，臺灣文獻史料叢刊第
　　　　3輯，臺北：大通書局。

郁永河：《裨海紀遊》，臺灣文獻史料叢刊第7輯，臺北：大通
　　　　書局。

陳培桂：《淡水廳志》，臺灣文獻叢刊第46種，臺北：臺灣銀行
　　　　經濟研究室編印。

森口雄稔編著：《伊能嘉矩の臺灣踏查日記》，臺北：南天書局，民
　　　　國81年7月。

新莊郡編印：《新莊郡勢一覽》，大正13年。

新莊郡鷺洲庄役場編印：《鷺洲庄庄勢一覽》，昭和7年10月

新莊郡鷺洲庄役場編印：《鷺洲庄要覽》，中國方志叢書·臺灣
　　　　地區第 233 號，台北：成文出版社，民國74年3月。

臺北市役所編：《臺北都市計劃書》，昭和16年。

臺北州內務部勸業課編：《臺北州農業要覽》，昭和13年8月。

臺北州產業部農林課編：《臺北州の農業》，昭和16年7月。

臺北廳總務課編：《臺北廳志》，明治36年。

臺北廳總務部總務課編：《臺北州統計書》，昭和12、17年。

臺灣慣習研究會編：《臺灣慣習記事》，第2卷，第1號，臺北：
　　　　古亭書屋翻印本，民國58年9月。

臺灣總督府財務局金融課：《臺灣の金融》，昭和5年。

臺灣總督府鐵道部編：《臺灣鐵道史》，上卷，明治45年。

臺灣總督府鐵道部編：《臺灣鐵道年報》，第1回，明治33年。

劉銘傳：《劉壯肅公奏議》，臺灣文獻叢刊第27種，第2冊，臺
　　　　北：臺灣銀行經濟研究室編印，民國47年10月。

闕　名：〈臺遊筆記〉，臺灣文獻叢刊第216種，《臺灣與地彙抄》，臺北：臺灣銀行經濟研究究室編印。

臨時臺灣土地調查局編：《臨時臺灣土地調查書》，昭和5年（1930）。

(二)　統計資料：

內政部編印：《中華民國臺閩地區人口統計》，65年度，民國66年12月。

內政部編印：《中華民國臺灣人口統計》，60年度，民國61年11月。

行政院主計處編印：《中華民國70年臺閩地區工商業普查報告》，第12卷，「臺灣省　臺北縣」，民國72年6月。

行政院主計處編印：《中華民國75年臺閩地區工商業普查報告》，第12卷，「臺灣省　臺北縣」，民國77年10月。

行政院台閩地區工商業普查委員會編印：《中華民國60年臺閩地區工商業普查報告》，民國62年6月。

行政院台閩地區工商業普查委員會編印：《中華民國65年臺閩地區工商業普查報告》，第10卷，「臺灣地區　臺北縣」，民國67年12月。

臺北市政府編印：《臺北市統計要覽》，第25、35期，民國59、69年。

臺北縣政府編印：《臺北縣統計年報》，第1～8期，民國40～47年。

臺北縣政府編印：《臺北縣統計要覽》，第9～42期，民國48～

81年。

臺灣省戶口普查處編印　：《中華民國戶口調查報告書》，民國
　　　45、55年。

臺灣省戶口普查處編印：《臺閩地區戶口及住宅普查報告書》，
　　　民國55年。

臺灣省政府民政廳編印：《臺灣省人口統計》，民國52年。

臺灣省政府民政廳編印：《臺灣省統計年報》，第50期，民國79
　　　年。

臺灣省政府民政廳編印：《臺灣省統計要覽》，第30、40期，民
　　　國59、69年。

臺灣總督官房臨時戶口調查部編：《第一次臨時臺灣戶口調查》，明
　　　治38年。

臺灣總督官房臨時戶口調查部編：《第二次臨時臺灣戶口調查概
　　　覽表》，大正4年。

臺灣總督府臨時國勢調查部編：《國勢調查結果中間報》，大正
　　　9年（1920）。

臺灣總督府臨時國勢調查部編：《國勢調查結果中間報》，昭和
　　　5年（1930）。

臨時臺灣戶口調查部編：《明治38年臨時臺灣戶口調查要計表》，明
　　　治40年（1907）刊行。

(三)　專著與論文：

歷史月刊雜誌社：《歷史月刊》，第15期，「臺灣的開發與都市
　　　化」專輯，民國78年4月，頁108～144。

一　剛：〈中興大橋碑記〉，《臺北文物》，8卷2期，民國50年
　　　9月，頁65。

三重市公所編印：《三重埔》，　第1～4期，民國79年1月～民國
　　　82年1月。

三重市公所編印：《三重市貌》，民國80年5月。

三重市公所編印：《今日三重》，民國77年2月。

三重市公所編印：《美麗三重》，民國82年8月。

尹章義：《臺灣開發史的研究》，臺北：聯經出版事業公司，民
　　　國71年12月。

尹章義主修：《新莊發展史》，臺北：新莊市公所印行，民國69
　　　年7月。

文崇一等著：《西河的社會變遷》，中央研究院民族學研究所專
　　　刊第6號，民國64年6月。

王月鏡：〈臺北市人口移動的調查研究－臺北市及三重市〉，第
　　　一部，《臺灣人口移動及地域發展之研究》，臺北：中華
　　　民國社區發展研究訓練中心印行，民國62年4月，頁281～
　　　330。

王月鏡主修：《臺北市志》，臺北：臺北市文獻委員會印行，民
　　　國77年12月。

王月鏡主修：《臺北市發展史》㈠，臺北：臺北市文獻委員會印
　　　行，民國70年10月。

王世慶：〈十九世紀中業臺灣北部農村金融之研究〉，《臺灣文
　　　獻》，39卷2期，民國77年6月，頁1～48。

王世慶：〈海山史話（上）〉，《臺北文獻》直字第37期，民國

　　　　65年9月，頁49～132。

史　　明：《臺灣人四百年史》，上冊，臺北：蓬島文化公司出版
　　　　社，民國79年9月。

田中一二編、李朝熙譯：〈臺北市史－昭和六年㈠〉，《臺北文
　　　　獻》直字第106期，民國82年12月，頁139～197。

石再添等著：《臺北市發展史－自然環境》，臺北：臺北市文獻
　　　　委員會印行，民國70年12月。

伊能嘉矩：《臺灣文化志》，東京：刀江書院印行，昭和40年。

伊能嘉矩：《臺灣蕃政志》，臺灣總督府民政部殖產局編印，明
　　　　治36（1930）年3月。

江文顯：〈臺北都會區衛星市鎮都市化過程之研究－以板橋為例
　　　　（上）、（下）〉，《臺北文獻》直字第82、83期，民國
　　　　76年12月、77年3月，頁81～142、81～121。

　　　　江雅美：〈三重市的人口決策及遷移過程之研究〉，師範
　　　　大學地理研究所碩士論文，民國72年7月。

江慶林譯：《臺灣鐵路史》，上卷，臺中：臺灣省文獻委員會印
　　　　行，民國79年6月。

吳　　彥：《臺灣省各縣市所轄鄉鎮概況一覽》，臺中：臺灣省政
　　　　府民政廳編印，民國41年10月。

吳　　鐸：〈臺灣鐵路〉，收入於包遵彭等編纂，《中國近代史論
　　　　叢－自強運動》，第1輯，第5冊，臺北：正中書局印行，
　　　　民國70年8月。

宋增祥：《臺灣撫墾志》，上冊，臺中：臺灣省文獻委員會印行，民
　　　　國69年10月。

李國祁：《中國現代化的區域研究－閩浙臺地區（1860–1916）》，中央研究院近代史研究所專刊（44），民國71年5月。

李國祁：〈清代臺灣社會的轉型〉，《中華學報》，5卷2期，民國67年6月，頁131～160。

李添春：〈臺北地區之開拓與寺廟〉，《臺北文獻》，第1期，民國51年6月，頁67～76。

李鹿苹：〈淡水港衰退的自然地理因素〉，《地學彙刊》，創刊號，民國58年5月，頁94～124。

李鹿苹：〈臺北盆地交通路線分佈的地理因素〉，《臺灣小區域地理研究集》，臺北：國立編譯館印行，民國73年2月，頁135～168。

李棟明：〈日據時期臺灣人口社會增加之研究〉，《臺灣文獻》，20卷2期，民國 58年6月，頁1～28。

李棟明：〈居臺外省籍人口之組成與分佈〉，《臺北文獻》直字第11、12期合刊，民國59年6月，頁62～86。

李棟明：〈臺灣都市化人口之推定與研究〉，《臺灣銀行季刊》，21卷2期，民國59年5月，頁41～81。

李瑞麟：〈臺灣都市之形成與發展－過去現在與未來〉，《臺灣銀行季刊》，24卷 3期，民國62年9月，頁1～29。

卓克華：〈清代台灣行郊之研究〉，文化大學史學研究所碩士論文，民國62年7月。

林再復：《閩南人》，臺北：三民書局，民國74年11月。

林佛國：〈臺北縣文獻叢輯發刊感言〉，《臺北縣文獻叢輯》，第1輯，臺北：臺北縣文獻委員會印行，民國42年6月，頁

9～11。

林育平：〈三重市都市發展及其居民環境識覺之研究〉，臺灣大學地理研究所碩士論文，民國79年6月。

林英彥：〈臺灣先住民狩獵時期之經濟生活〉，《臺灣經濟史十一集》，臺灣研究叢刊第113種，臺北：臺灣銀行經濟研究室編印，民國63年12月，頁1～16。

林鈞祥：〈臺北都市發展之地理環境〉，《地學彙刊》，第2期，民國61年10月，頁29～32。

林鈞祥：〈臺灣都市人口之研究〉，《臺灣銀行季刊》，臺北：臺灣銀行經濟研究室印行，17卷3期，民國55年6月，頁194～209。

林瑞穗：〈臺北高雄二都會區形成之比較研究〉，《臺灣文獻》，29卷2期，民國67年6月，頁36～75。

林瑞穗：〈臺灣地區都市結構與分類之研究〉，《臺灣大學社會學刊》，第19期，民國77年5月，頁23～76。

林滿紅：《茶、糖、樟腦業與晚清臺灣》，臺灣研究叢刊第115種，臺北：臺灣銀行經濟研究室印行，民國67年5月。

林興仁：〈臺北縣古今地名釋要〉，《臺北縣文獻叢輯》，第1輯，臺北：臺北縣文獻委員會印行，民國42年9月，頁37～44。

林衡道：〈臺北近郊史蹟調查〉，《臺北文獻》，第4期，民國52年6月，頁59～100。

板橋市公所編印：《板橋市志》，民國77年10月。

松本曉美、謝森展編著：《台灣懷舊》，臺北：創意力文化事業

有限公司，民國79年11月。

花松村主編：《臺灣鄉土人物全書》，上冊，臺北：中一出版社，民國77年4月。

施振民：〈祭祀圈與社會組織〉，中央研究院民族學研究所集刊第36期，民國64年2月。

施添福：《清代在臺漢人的祖籍分布和原鄉生活方式》，師範大學地理研究叢書第15號，民國76年。

施添福：〈清代臺灣竹塹地區的聚落發展和形態〉，中研院臺灣史田野研究室論文集(1)，《臺灣歷史上的土地問題》，民國81年12月，頁57～104。

洪伯溫：〈臺灣北部地區重要地名今昔釋義〉，《臺北文獻》直字第78期，民國75年12月，頁319～338。

洪致文：《臺灣鐵道傳奇》，臺北：時報文化公司，民國82年1月。

洪敏麟：《臺灣舊地名沿革》，臺中：臺灣省文獻委員會編印，民國69年4月。

洪燦楠：〈臺灣地區聚落發展之研究（連載一）、（連載二）〉，《臺灣文獻》，29卷2、3期，民國67年6、9月，頁13～48、187～265。

柯志明：〈殖民經濟發展與階級支配結構——日據臺灣米糖相剋體制的危機與重構(1925～1942)〉，《臺灣社會研究季刊》，第13期，民國81年11月，頁 195～258。

范珍輝：〈臺灣城鎮現代化過程之研究〉，《臺灣大學社會學刊》，第9期，民國62年7月，頁2～31。

唐　羽：〈溪尾庄古契彙編續（上）、（下）〉，《臺北文獻》
　　　直字第79、81期，民國76年3月、9月，頁207～258、119
　　　～228。

唐　羽：〈溪尾庄古契彙編續（上）、（中）、（下）〉，《臺
　　　北文獻》直字第84、86期，民國77年6月、12月，頁89～
　　　180、93～118、173～204。

馬偕著、林耀南譯：《臺灣遙寄》，臺灣叢書譯本第5種，臺中：
　　　臺灣省文獻委員會編印，民國48年3月。

梁正居：《臺灣飛行》，臺北：漢光文化事業股份有限公司，民
　　　國76年4月。

盛清沂：〈臺北縣疆域沿革誌略〉，《臺北縣文獻叢輯》，第2
　　　輯，臺北：臺北縣文獻委員會印行，民國45年4月，頁231
　　　～274。

盛清沂：〈臺北縣大事年表提要〉，《臺北縣文獻叢輯》，第1
　　　輯，臺北：臺北縣文獻委員會印行，民國42年9月，頁111
　　　～148。

盛清沂主編：《臺灣省開闢資料彙編》，臺中：臺灣省文獻委員
　　　會印行，民國61年7月。

莊金德編撰：《清代臺灣教育史料彙編》，臺中：臺灣省文獻委
　　　員會印行，民國62年4月。

莊英章：《林杞埔～一個臺灣市鎮的社會經濟發展史》，臺北：
　　　中央研究院民族學研究所，民國66年6月。

許阿雪：〈光復後臺北市都市政策之研究〉，臺灣大學建築與城
　　　鄉研究所碩士論文，民國78年7月。

許柏修：〈三重市近十來成長之探討〉，臺灣大學地理學系研究
　　　報告第9號，民國66年，頁123～151。

連　橫：《臺灣通史》，臺灣文獻叢刊第2輯，臺北：眾文圖書
　　　公司，民國68年8月。

章英華：〈清末以來臺灣都市體系之變遷〉，收入於蕭新煌、章
　　　英華主編，《臺灣社會與文化變遷》，上冊，中央研究院
　　　民族學研究所專刊第16號，民國75年6月。

章英華：〈臺北市的內部結構：區位與歷史的探討〉，中央研究
　　　院民族學研究所集刊第63期，民國77年12月，頁1～62。

章英華：〈臺北縣移入人口與都市發展〉，《臺北縣移入人口之
　　　研究》，臺北縣立文化中心出版，民國82年12月，頁53～
　　　78。

陳乃蘗：〈臺北盆地閩族農家房屋之構造與設備〉，《臺北文物》，
　　　8卷4期，中國方志叢書・臺灣地區第89號，臺北：成文出
　　　版社，民國49年2月，頁103～133。

陳正祥：《臺灣地名辭典》，敷明產業地理研究所研究報告第
　　　105號，民國49年。

陳正祥：《臺灣地誌》，上、中、下冊，敷明產業地理研究所研
　　　究報告第94號，民國48～50年。

陳正祥：《臺灣之人口》，臺灣研究叢刊第9種，臺北：臺灣銀
　　　行經濟研究室編印，民國40年8月。

陳其南：《臺灣的傳統中國社會》，臺北：允晨出版社，民國78
　　　年1月。

陳東升：〈北縣人口遷移之特徵與趨勢〉，收入於蕭新煌等著，《臺

北縣移入人口之研究》，臺北：臺北縣立文化中心出版，民國82年12月，頁17～51。

陳金田譯：《臺灣私法》，第1卷，臺中：臺灣省文獻委員會編印，民國79年6月。

陳俊編著：《臺灣道路發展史》，交通部運輸研究所印行，民國76年10月。

陳秋坤：〈十八世紀上半葉臺灣地區的開發〉，臺灣大學歷史研究所碩士論文，民國64年7月。

陳紹馨：〈最近十年間臺灣之都市化趨勢與臺北都會區域的形成〉，《臺灣的人口變遷與社會變遷》，臺北：聯經出版事業公司，民國74年9月，頁537～570。

陳漢光：〈日據時期臺灣漢族之祖籍調查〉，《臺灣文獻》，23卷1期，民國61年3月，頁85～104。

陳憲明：〈臺北市近郊蘆洲鄉之土地利用〉，《臺灣文獻》，25卷3期，民國63年9月，頁33～47。

富田芳郎：〈臺灣鄉鎮之研究〉，《臺灣銀行季刊》，7卷3期，民國44年6月，頁85～109。

雄獅美術編輯部編：《攝影台灣》，臺北：雄獅美術圖書股份有限公司，民國82年10月。

曾旭正：〈臺北人的形成－臺北縣市外來人口的遷移過程與都市經驗〉，收入於蕭新煌等著《臺北縣移入人口之研究》，臺北：臺北縣立文化中心出版，民國82年12月，頁79～102。

賀宗儒：〈臺灣北部地形之計量分析〉，《地學彙刊》，第2期，

國61年10月，頁72～77。

黃天縉主編：《臺灣三百年》，臺北：戶外生活圖書公司，民國75年5月。

黃金土主編：《臺北古今圖說集》，臺北：臺北市文獻委員會印行，民國71年6月。

楊三東：〈三重市公所組織與職權之研究〉，政治大學公共行政研究所碩士論文，民國64年7月。

楊萬全：〈三重市都市計劃機能區的研究〉，《地理教育》，創刊號，民國58年2月，頁1～10。

溫振華：〈二十世紀初臺北之都市化〉，師範大學歷史研究所博士論文，民國75年7月。

溫振華：〈日據時期的都市化－以臺北市為例〉，《歷史月刊》，第15期，民國78年4月，頁319～338。

溫振華：〈清代後期臺北盆地士人階層的成長〉，《臺北文獻》直字第90期，民國78年12月，頁1～32。

溫振華：〈清代臺北盆地經濟社會的演變〉，師範大學歷史研究所碩士論文，民國67年7月。

溫振華：〈清代臺北盆地漢人社會祭祀圈之演變〉，《臺北文獻》直字第88期，民國78年6月，頁1～42。

溫振華：〈清代臺灣漢人的企業精神〉，《師範大學歷史學報》，第9期，民國70年5月，頁111～140。

葉倩偉著、卞鳳奎譯：〈清代臺灣的都市化－以臺北市為例〉，《臺北文獻》直字第95期，民國80年3月，頁319～338。

葉肅科：〈日據時代臺北都市發展與臺人日常生活（1895～1945）

〉，東吳大學社會學研究所碩士論文，民國76年6月。

廖正宏：〈臺灣城鄉人口移動之原因及其影響〉，《中國論壇》，6卷5期，民國67年6月，頁6～9。

廖春生：《臺北之都市轉化－以清代三市街（艋舺、大稻程、城內）爲例》，臺灣大學土木工程研究所碩士論文，民國77年6月。

廖漢臣：《臺灣開闢資料續編》，臺中：臺灣省文獻委員會印行，民國66年6月。

臺北市文獻委員會：〈大同區耆老座談會記錄〉，《臺北文獻》直字第91期，民國79年3月，頁1～7。

臺北市文獻委員會：〈大稻程耆老座談會記錄〉，《臺北文獻》直字第99期，民國81年3月，頁1～36。

臺北市文獻委員會：《臺北文物》，8卷4期，臺北：成文出版社，民國49年2月。

臺北淡水橋工程處編：《中興大橋工程報告》，臺北：該處印行，民國48年3月。

臺北縣文獻委員會編印：《臺北古今圖說集》，民國81年6月。

臺北縣文獻委員會編印：《臺北縣年鑑》，民國56年7月。

臺北縣文獻委員會編印：《臺北縣志》，民國49年。

臺北縣文獻委員會編印：《臺北縣新聞史料彙抄》，第1冊～第33冊，大正9年～民國40年。

臺北縣立文化中心編印：《臺北縣人文古蹟圖鑑》，民國77年8月。

臺北縣政府編印：《我的家鄉－臺北縣》，民國74年10月。

臺北縣政府編印：《臺北縣施政三年》，民國43年5月。

臺北縣政府編印：《臺北縣施政六年》，民國49年5月。

臺北縣政府公報室編印：《一年來的臺北縣政》，民國54年6月。

臺北縣議會編：《臺北縣議會志》，民國66年5月。

臺北廳總務課編、陳榮弖譯：〈臺北廳志－大正八年㈠〉，《臺
　　北文獻》直字第103期，民國82年3月，頁151～231。

臺北廳總務課編、陳榮弖譯：〈臺北廳志－明治三十六年（上、
　　下）〉，　《臺北文獻》直字第99、100期，民國81年3、6
　　月，頁231～267、153～183。

臺灣省文獻委員會編印：《臺灣土地改革紀實》，民國78年6月。

臺灣省文獻委員會編印：《臺灣堡圖集》，民國56年6月。

臺灣省文獻委員會編印：《臺灣省通誌》，民國58年6月。

臺灣省文獻委員會編印：《臺灣省通誌稿》，民國51年12月。

臺灣省文獻委員會編譯：《臺灣慣習記事》，中譯本，第1卷，
　　第5號，民國73年6月。

臺灣銀行經濟研究室編印：《臺灣島之歷史與地誌》，臺灣研究
　　叢刊第56種，民國47年3月。

臺灣慣習研究會編：《臺灣慣習記事》，第2卷，第1號，臺北：
　　古亭書屋翻印本，民國58年9月。

劉鴻喜：〈三重市與瑞芳鎮之比較研究〉，師範大學地理研究報
　　告第4號，民國67年，頁45～54。

蔡宏進、廖正宏：《人口學》，臺北：巨流圖書公司，民國76年
　　8月。

蔡采秀、章英華：〈國家與地方都市的發展：以板橋爲例〉，

「臺灣民主化過程中的國家與社會學術研討會論文」，民國81年3月。

蔡采秀：〈一個漢人社區的移入人口的社區生活－以板橋爲例〉，《臺北縣移入人口之研究》，收入於蕭新煌等著，《臺北縣移入人口之研究》，臺北：臺北縣立文化中心出版，民國82年12月，頁103～130。

蔡勇美、郭文雄合著：《都市社會學》，臺北：巨流圖書公司，民國76年4月。

鄭子政：〈臺北盆地的氣候〉，《地學彙刊》，第1期，民國58年5月，頁44～60。

鄭宗藝：《三重今昔～一年來對市政建設的回顧與展望》，臺北：三重市公所編印，民,國66年。

龍冠海：〈臺北市郊區四市鎮之人口結構與變遷之研究㈠～㈣〉，《社會建設》季刊，第4～7號，民國59年1、4、7、11月，頁159～169、134～156、128～146、172～186。

賴子清：〈清代北臺之考選（下）〉，《臺北文獻》直字第11、12期合刊，民國59年6月，頁43～61。

戴炎輝：〈清代臺灣之大小租業〉，《臺北文獻》，第4期，民國52年6月，頁1～48。

戴炎輝：〈清代臺灣鄉莊之建立及其組織〉，《臺灣經濟史九集》，臺灣研究叢刊第76種，臺灣銀行經濟研究室編印，民國52年4月，頁56～85。

戴寶村：〈清季淡水開港之研究（1860-1894）〉，師範大學歷史研究所碩士論文，民國72年7月。

謝國興：〈中國現代化的區域研究：安徽省，(1860-1937)〉，
　　師範大學歷史研究所博士論文，民國79年7月。

謝國興：《官逼民反－清代臺灣三大民變》，臺北：自立報系文
　　化出版部，民國82年3月。

魏蓉華：〈日據時代臺中市都市發展之研究〉，政治大學歷史研
　　究所碩士論文，民國80年6月。

羅斯托著，饒餘慶譯：《經濟發展史觀》，香港：今日世界社，
　　民國54年5月。

嚴伯英、江勇振譯：《現代化：抗拒與變遷》，臺北：黎明文化
　　事業公司，民國71年2月。

蘭畬：〈淺談艋舺津渡〉，《臺北文獻》直字第74期，民國74年
　　12月，頁167～170。

㈣　**英文書目**：

Bervard Gallin and Rita S.Gallin, "The Integration
　　Village Migrants in Taipei", in Mark Elvin and G.
　　William Skinner (eds.),The Chinese City Between
　　Two Worlds, Standford:Standford University Press,
　　1974.

E.S.Rawski, Education and Popular Litercery in Ching
　　China, Univerity of Michigun Press, 1979.

Everett M. Rogers, Modernization Among Peasants: The
　　Impact of Communication, New York:Holt, Rinehart
　　and Winston, Inc., 1969.

Gilbert Rozman eds., The Modernization of China, New York: Free Press,1981.

Hope Tisdale Eldridge,The Process of Urbanization, in J. J.Spengler and O.D. Duncan (eds.), Demographic Analysis Glence, Ill.:Free Press, 1956.

John A.Agnew, John Mercer and David E. Sopher eds., The City In Cultural Context, Boston:Allen & Unwin, 1984.

Neil. J. Smelser, "The Modernization of Social Relation", in Myron Weinner (eds.), Modernization, New York: Basic Books, 1966.

Philip M.Hauser, "Urbanization:An Overview", in Philip M. Hauser and Leo F.Schnore (eds.), The Study of Urbanization, John Wiley & Sins,Inc., 1965.

S. N. Eisenstadt and A. Shachar, Society, Culture and Urbanization, New Delhi: Sage Publications,Inc, 1987.

S. N. Eisenstadt, Modernization: Protest and Change, N.J.: Prentice-Hall, Inc., 1966.

Wilbert E. Moore, Social Change, New Delhi:Prentice-Hall of India, 1975.

William Petersen, Population, New York: Collier MacMillan Publishing Co.,Inc, 1969.

國家圖書館出版品預行編目資料

三重埔的社會變遷
　/鄭政誠著. - - 初版, - - 臺北市：
　臺灣學生，民85
　　面：　公分
　　參考書目：面
　　ISBN 957- 15- 0754- 7(精裝).
　　ISBN 957- 15- 0755- 5(平裝)

　　1.台北縣三重市－歷史

673. 29/103. 2　　　　　　　　　　　　85005374

三重埔的社會變遷　　（全一冊）

著 作 者：鄭　　　　政　　　　誠
出 版 者：臺　灣　學　生　書　局
發 行 人：丁　　　　文　　　　治
發 行 所：臺　灣　學　生　書　局
　　　　　臺 北 市 和 平 東 路 一 段 一 九 八 號
　　　　　郵 政 劃 撥 帳 號 ○ ○ ○ 二 四 六 六 八 號
　　　　　電　話：三　六　三　四　一　五　六
　　　　　傳　眞：三　六　三　六　三　三　四
本書局登
記證字號：行政院新聞局局版臺業字第一一○○號
印 刷 所：常　新　印　刷　有　限　公　司
　　　　　地　址：板 橋 市 翠 華 街 8 巷 13 號
　　　　　電　話：九　五　二　四　二　一　九
定價　精裝新臺幣二四○元
　　　平裝新臺幣一七○元

中 華 民 國 八 十 五 年 六 月 初 版

臺灣學生書局 出版

台灣研究叢書

①日據時期在臺「華僑」研究 　　　　 吳　文　星　著
②臺灣史研究 　　　　　　　　　　　 黃　秀　政　著
③臺灣早期史綱 　　　　　　　　　　 方　　豪　　著
④臺灣史探索 　　　　　　　　　　　 廖　風　德　著
⑤三重埔的社會變遷 　　　　　　　　 鄭　政　誠　著